対馬10
平戸新田1
平戸6
五島1
長崎県
佐賀県
唐津6
小城7
佐賀36
蓮池5
鹿島2
大村3
島原7
福岡県
福岡47
柳河12
久留米21
三池1
小倉新田1
小倉15
秋月5
清末1
長府5
長州37
山口県
中津10
日出2
杵築3
大分県
森1
岡7
府内2
臼杵5
佐伯2
熊本新田4
熊本54
熊本県
宇土3
人吉2
宮崎県
延岡7
高鍋3
佐土原3
飫肥5
薩摩77
鹿児島県
津和野4
浜田6
島根県
松江19
広瀬3
母里1
鳥取県
徳山4
岩国6
広島43
広島新田3
広島県
福山11
岡山県
鹿野3
若桜2
鳥取33
勝山2
松山5
浅尾1
足守3
新見2
岡山新田2
岡田1
庭瀬2
岡山32
津山10
鴨方3
多度津1
丸亀5
香川県
高松12
今治4
松山15
小松1
西条3
大洲6
新谷1
吉田3
愛媛県
宇和島10
高知県
土佐24
土佐新田1
徳島県
徳島26
兵庫県
豊岡2
出石3
柏原2
篠山6
三草1
三日月2
山崎1
安志1
姫路15
三田4
林田1
小野1
明石8
赤穂2
龍野5
岸和田5
伯太1
狭山1
大阪府
紀州56
田辺4
和歌山県

シリーズ藩物語

# 刈谷藩

舟久保藍……著

現代書館

プロローグ

# 刈谷藩物語

## 徳川家を支えた水野家

東海地方は、戦国時代を通じて最も戦の激しい地域であり、尾張・三河から、織田信長《おだのぶなが》・豊臣秀吉《とよとみひでよし》・徳川家康《とくがわいえやす》という三人の英傑が輩出した。徳川幕府の開祖家康は松平《まつだいら》氏と水野《みずの》氏の血を引いており、生母於大《おだい》は水野忠政の娘である。忠政の九男水野忠重《ただしげ》は徳川二十将のひとりに数えられるように、岡崎の松平家家臣団に負けず劣らず、家康の天下統一への戦いで重要な役割を果たしてきた。

そして江戸時代を通じて水野一統は常に重要な地域を治め、それは郡山・福山・結城・吉田・松本・沼津・菊間・北条・鶴牧・山川・岡崎・唐津・浜松・山形の各藩と全国に及び、忠政の八男忠分《ただわけ》の系統は紀州藩初代藩主徳川頼宣《よりのぶ》の付家老《つけがろう》となり新宮《しんぐう》を藩地とした。一統から天保の改革で有名な水野忠邦など多くの老中が輩出し徳川政権を支え続けてきたのである。その祖は三河国刈谷《かりや》であり、水野家なくして徳川家はなかったといえよう。

## 藩という公国

### 江戸時代、日本には千に近い独立公国があった

江戸時代。徳川将軍家の下に、全国に三百諸侯《しょこう》★の大名家があった。ほかに寺領や社領、知行所《ちぎょうしょ》★をもつ旗本領《はたもとりょう》などを加えると数え切れないほどの独立公国があった。そのうち諸侯を何々家《け》家中《かちゅう》と称していた。家中は主君を中心に家臣が忠誠を誓い、強い連帯感で結びついていた。家臣の下には足軽《あしがる》層《そう》★がおり、全体の軍事力の維持と領民の統制をしていたのである。その家中を藩と後世の史家は呼んだ。

江戸時代に何々藩と公称することはまれで、明治以降の使用が多い。それは近代からみた江戸時代の大名の領域や支配機構を総称する歴史用語として使われた。その独立公国たる藩にはそれぞれ個性的な藩風《はんぷう》と自立した政治・経済・文化があった。幕藩体制とは歴史学者伊東多三郎《いとうたさぶろう》★氏の視点だが、まさに将軍家の諸侯の統制と各藩の地方分権が巧く組み合わされていた、連邦でもない奇妙な封建的国家体制であった。

### 今日に生き続ける藩意識

明治維新から百四十年以上経っているのに、今

## 質実剛健の三河精神

戦国の乱世は、ある意味闊達な成長期であった。生き残りをかけて他家と同盟し争闘を繰り返してきた戦国大名もさることながら、頻繁に戦に巻き込まれる地での暮らしを余儀なくされてきた領民もまた、あらゆる知恵を絞って生きてきた。

今川《いまがわ》家と織田家に挟まれた地で生きてきた水野家と領地刈谷は、明日の生死も予測できない厳しい歴史の中で倹《つま》しくも剛毅な気風を作り上げ、その素地の上に刈谷藩が成立した。初代水野勝成《かつなり》以後、九家二二人もの藩主の入れ替わりがあったが、その都度、人々は新領主を迎え入れ、外からの新しい知識や学問、風土を取り入れてきた。自らの生活基盤は自らで守るという気質、厳しさの中で培われてきた勤勉さと、身内意識の強い集団的忠誠心。それらは「質実剛健」という言葉に表される。変化に柔軟に対応し、外からのものを受け入れ学ぶ意欲や先見さは武道でいうところの「心技体」を思わせる。これは三河地域に共通する部分であるが、そういった三河人気質を特に色濃く残しているのが刈谷であり、この土地の風土ではないだろうか。

でも日本人に藩意識があるのはなぜだろうか。明治四年(一八七一)七月、明治新政府は廃藩置県《はいはんちけん》★を断行した。県を置いて、支配機構を変革し、今までの藩意識を改めようとしたのである。ところが、今でも、「あの人は薩摩藩の出身だ」とか、「我らは会津藩の出身だ」と言う。それは侍出身だけでなく、藩領出身も指しており、藩意識が県民意識をうわまわっているところさえある。むしろ、今でも藩対抗の意識が地方の歴史文化を動かしている。そう考えると、江戸時代に育まれた藩民意識が現代人にどのような影響を与え続けているのかを考える必要があるだろう。それは地方に住む人々の運命共同体としての藩の理性が今でも生きている証拠ではないかと思う。

藩の理性は、藩風とか、藩是《はんぜ》とか、ひいては藩主の家風ともいうべき家訓などで表されていた。

〔稲川明雄(本シリーズ『長岡藩』筆者)〕

**諸侯**▼江戸時代の大名。

**知行所**▼江戸時代の旗本が知行として与えられた土地。

**足軽層**▼足軽・中間・小者など。

**伊東多三郎**▼近世藩政史研究家。東京大学史料編纂所所長を務めた。

**廃藩置県**▼藩体制を解体する明治政府の政治改革。廃藩により全国は三府三〇二県となった。同年末には統廃合により三府七二県となった。

シリーズ藩物語 刈谷藩

目次

岐阜県
愛知県
三重県
大野町
本巣市
北方町
岐阜市
各務原市
坂祝町
可児市
御嵩町
瑞浪市
恵那市
大垣市
岐南町
笠松町
扶桑町
江南市
犬山市
多治見市
土岐市
輪之内町
羽島市
一宮市
大口町
小牧市
岩倉市
春日井市
瀬戸市
海津市
稲沢市
北名古屋市
豊山町
清須市
尾張旭市
愛西市
津島市
あま市
大治町
長久手町
名古屋市
日進市
豊田市
蟹江町
弥富市
東郷町
みよし市
桑名市
飛島村
豊明市
朝日町
木曽岬町
東海市
大府市
刈谷市
知立市
川越町
四日市市
知多市
東浦町
安城市
岡崎市
阿久比町
高浜市
常滑市
半田市
碧南市
鈴鹿市
武豊町
西尾市
幸田町
豊川市
蒲郡市
美浜町
豊橋市
南知多町

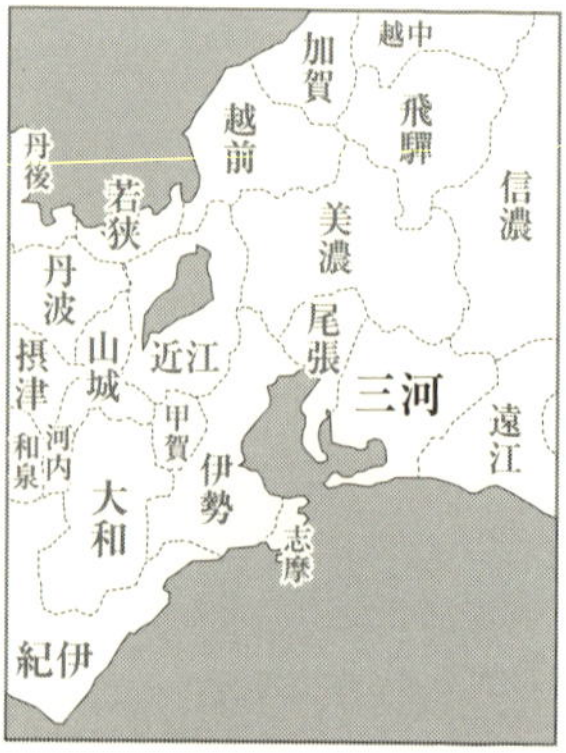
加賀
越中
飛騨
丹後
越前
信濃
若狭
美濃
丹波
尾張
近江
摂津
山城
三河
遠江
甲賀
和泉
河内
伊勢
大和
志摩
紀伊

# 第一章 群雄割拠の西三河

西三河に勢力を張る水野氏。そこには徳川家康の生母於大の姿もあった。

1

# 水野氏の興隆

水野家の祖は小河重房といわれる。
そして戦国大名へ成長していく中で頭角を現してきた水野忠政。
城を築いて、知多郡から碧海郡の支配を確実にしていく。

## 鎌倉・室町時代の水野家

水野氏★は元々、尾張国知多郡英比《あぐい》郷小河《おがわ》（東浦町緒川）に移り住んだ清和源氏《せいわげんじ》満政《みつまさ》流とも藤原一族とも伝えられる。

当初は小河姓で小河重房《おがわしげふさ》を祖とし、重房の子重清《しげきよ》とその子清房《きよふさ》は、後鳥羽《ごとば》上《じょう》皇《こう》が鎌倉幕府打倒の兵を挙げた承久三年（一二二一）の「承久の乱」で京方につき、杭瀬川《くいせがわ》（岐阜県大垣市）で鎌倉勢と戦った。のち重清は尾張国春日井郡山田庄水野郷に移り住み、領地であった嵯峨水野里《さがみずののさと》から採って水野姓を称した。清房から代々、英比郷小河の地頭職《じとうしょく》を務めている。

元弘三年（一三三三＝正慶二年）の鎌倉幕府滅亡後、後醍醐《ごだいご》天皇による建武新政下において、三河国は足利《あしかが》氏の支配であった。その後、新政に不満を持つ武士た

▼水野氏
水野貞守以前については歴史的痕跡が少なく、諸説ある。

水野宗家家紋（丸に抱き沢瀉〈おもだか〉）

ちが足利尊氏《たかうじ》とともに挙兵し、時代は尊氏と後醍醐天皇、新田義貞《にったよしさだ》などが争う南北朝へと突入していく。延元三年（一三三八＝暦応元年）、北朝の光明《こうみょう》天皇によって尊氏が征夷大将軍《せいいたいしょうぐん》に補任されると室町幕府★が成立するが、南朝・北朝の争いは各地で続いた。

清房から五代のちの正房《まさふさ》は、この動乱を足利尊氏に属して戦い、正平十五年（一三六〇＝延文五年）、小河城★を築いた。しかし土岐《とき》氏に攻められて正房は討死、水野一族は流浪《るろう》の身となったと伝えられる。

三河国は、守護大名一色《いっしき》氏の支配を経て細川《ほそかわ》氏の支配地となっていたが、応仁元年（一四六七）、応仁の乱が勃発すると、三河国奪還を狙う一色義直《よしなお》（西軍）と三河守護大名細川成之《しげゆき》（東軍）の争乱が始まる。その中で、勢力を伸ばしてきたのが、正房から数えて六代後の水野貞守《さだもり》であった。修築した小河城を拠点に、尾張国知多郡から三河国碧海郡《へきかい》★を支配していった貞守は、文明八年（一四七六）頃、衣浦湾《きぬうら》（現在の逢妻川）を挟んで三河に刈谷城を築いたとされる（刈谷市天王町）。城は当時海に面しており、衣浦湾を挟んでほぼ東西に並び立つ二つの城により、貞守は海上交通を掌握し、さらに勢力を伸ばしていった。のちに四代水野忠政が新しい城を金ヶ小路（刈谷市司町）に築いたことから、貞守が築いた旧刈谷城は廃城となり、現在では一般的に「刈谷古城」と呼ばれる。

**▼室町幕府**
幕府成立を、建武式目が制定された延元元年（一三三六＝建武三年）とする説もある。

**▼小河城**
知多郡東浦町緒川。「小河」が「緒川」に改められたのは明応八年（一四九九）。飛鳥井雅康が小河城主水野右衛門太夫を訪ねた際に詠んだ歌による。「松のうへに繰るてふ糸の伊久結び玉の緒川の末かけてみむ」正房が築いた小河城は砦規模と考えられ、本格的な築城は貞守で、一般的に初代小河城主は水野貞守とされる。

**▼碧海郡**
現在の碧南市、刈谷市、安城市、高浜市、知立市、豊田市南部、岡崎市南部・西部、西尾市北部一帯の地域。

## 水野忠政、新たな刈谷城を築く

貞守の長子賢正《かたまさ》が二代目緒川城・刈谷古城の主となり、その子清忠《きよただ》が三代目となる。四代目は水野忠政《ただまさ》（一四九三～一五四三）で、永正六年（一五〇九）、父清忠の死去に伴って家督を継いでおり、当時は緒川城を本城として刈谷古城、大高城《おおたか》（名古屋市緑区大高町）、常滑城《とこなめ》（常滑市市場町）等を支配下におき、知多半島を抑え、伊勢・京都へと繋がる海上交通を掌握していった。領地を拡大する中、天文二年（一五三三）、忠政は新しい城を金ヶ小路《かねがしょうじ》に築く。これが現在、亀城《きじょう》公園としてその遺構が残る刈谷城★（別名亀城）である。

室町幕府の衰退に伴って各地の国人《こくじん》たちが水野氏のように自立し戦国大名になり、支配地拡大、生き残りをかけて同盟や争闘が各地で展開した時代である。

駿河《するが》国の守護今川義元《よしもと》は駿府《すんぷ》を拠点に駿河・遠江《とおとうみ》を支配し、三河・尾張への領土拡大を狙っていた。一方で尾張国では斯波《しば》氏家臣であった織田氏から織田信秀《のぶひで》（織田信長の父）が頭角を表し、両者が尾張・三河の支配を巡って争っていた。

今川氏と同盟関係の岡崎の松平清康《きよやす》もおり、切迫した状況下で小大名水野氏は、今川・織田に挟まれた西三河の地で生き残る術《すべ》を模索しなければならなかった。忠政の新たな築城は、領国統治と周囲に睨みを利かせる重要な意味をもつ。

緒川城址

▼刈谷城
築城は、『刈谷市史』では刈谷水野氏なる系統の水野近守・守忠の存在を挙げ、両者いずれかであると推定する。

②

# 徳川家康の生母

水野氏の領国刈谷と隣接する、岡崎の松平氏。姻戚関係が結ばれ、水野忠政の娘於大と松平広忠の間に竹千代が誕生する。のち江戸幕府を開く、徳川家康である。

## 松平氏との婚姻関係

三河国で水野氏と重要な関係をもつのが松平氏である。松平清康は岡崎城を本拠として三河のほとんどを支配しており、尾張へ進出する勢いを示していた。以前から水野家と松平家は姻戚関係を結んできた間柄で、忠政の最初の妻は岡崎城主松平昌安《まさやす》の娘であり、忠政の子水野信元《のぶもと》の妻は松平信定《のぶさだ》（清康の叔父）の娘である。

忠政と松平昌安の娘の間に信元《のぶもと》・於上《おじょう》が誕生したが離縁となり、後妻に寺津《てらづ》城主（西尾市寺津町）大河内元綱《おおこうちもとつな》の養女於富《おとみ》を迎え、於大《おだい》・忠守《ただもり》・忠近《ただちか》・忠分《ただわけ》・忠重《ただしげ》★が誕生している。於富もまた、まもなく離縁となり大河内家へ帰され、その後、岡崎城主松平清康（家康の祖父）に再嫁《さいか》し、一男一女を儲《もう》けた。清康が家臣

水野忠政画像
（個人蔵／茨城県立歴史館保管）

▼忠重
『新編東浦町誌・本文編』（一九九八年）では忠重の母は於富ではないとしている。

に殺害される事件が起きた後は岡崎を去り、星野秋国《ほしのあきくに》・菅沼定望《すがぬまさだもち》・川口久助《かわぐちひさすけ》と次々と再婚したとも、そのまま岡崎に残ったともいわれている。その婚姻や子供たちについても諸説あり、定かではない。晩年は剃髪《ていはつ》して尼となり、源応尼《げんおうに》のち華陽院《けよういん》と呼ばれた。

天文四年（一五三五）、松平清康が家臣阿部正豊《あべまさとよ》に殺される「守山崩《もりやまくず》れ」が起きると、松平氏は一気に求心力を失っていく。清康の後を広忠が継ぎ岡崎城主となるが、松平氏に往年の勢いはなく、反対に足元を固めた尾張の織田信秀はこれに乗じて三河へ侵攻し、天文九年、安祥《あんじょう》城（安城市安城町）を攻略すると岡崎城の目前まで迫った。この時、水野忠政は織田方に味方し、その先鋒を務めた。

強大な今川氏の傘下《さんか》にいたとはいえ窮地に陥った松平氏は、水野氏との同盟を保つために婚姻の申し入れをし、天文十年、水野忠政の娘於大《おだい》が松平広忠《ひろただ》に嫁ぐことになった。忠政にとっても、今川氏傘下の松平氏との友好関係を保ちながら織田方に協力する姿勢を取り続けることは、三河で生き残る術であった。

## 徳川家康の誕生

於大は享禄元年（一五二八）、緒川城で生まれている（刈谷生まれという説もあり）。松平広忠に嫁《とつ》いだ時は十四歳で、広忠は十六歳であった。天文十一年（一

華陽院（於富）画像
（楞厳寺蔵）

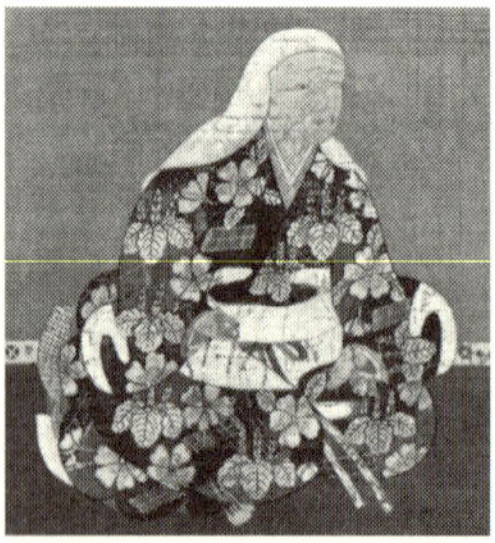

伝通院（於大）画像
（楞厳寺蔵）

五四二）十二月二十六日、広忠と於大との間に長男が誕生する。竹千代《たけちよ》、のちの徳川家康である。寅《とら》の年・寅の日・寅の刻《こく》に生まれた、期待の嫡男《ちゃくなん》の誕生であった。しかし翌年に忠政が死去すると、次に水野家を継いだ信元が、忠政の織田・今川のどちらにもつかない方針を一転して今川氏と手を切り、織田氏との同盟を鮮明にした。松平家では水野家が敵となった以上、婚姻関係をそのままに出来ず、天文十三年、於大は離縁されることとなった。当時三歳の竹千代を松平家へ残して、刈谷へ戻されたのである。

離縁の日、松平家の家臣たち二十余騎《き》が於大を送ってきたが、岡崎と刈谷の境にあたる十八町　畷《じゅうはっちょうなわて》★の辺りで於大は護送の松平家臣たちに向かって、ここで自分を置いて引き返すように言ったという。城まで送ると言って聞かない家臣たちに於大は諭《さと》した。

「わが兄信元は短慮である。岡崎から松平の臣が私を送ってきたと聞けば憤り、待ち伏せて斬り捨てるくらいはするだろう。私は縁が尽きて水野へ帰るが竹千代が岡崎に居る限り、両家はいつか和睦するだろうから、のちに遺恨を残さないためにも、ここで引き返せ」

家臣たちはその深謀遠慮に服し、土地の百姓に言い聞かせて於大の輿《こし》を託し、自分たちは山林の陰から様子をうかがったところ、はたして松平家家臣を討ち果たせとの信元の命を受けた水野家家臣が三〇騎余り武装して現れたという。於大

▼十八町畷
八町畷（刈谷警察北交差点）から八軒屋（昭和町）に続く道（ほぼ県道五一号）を刈谷道といい、八軒屋辺りを十八町畷という。

は、「護衛の者たちはすでに岡崎へ帰りついている頃である、今さら追いつくまい」と告げたため、そのまま輿を守って帰路についた。

　水野家と松平家の将来と岡崎衆の身を案じる於大は、聡明な人物であったようだ。『徳川実紀』は「広忠卿の北方《きたのかた》は女ながらも、海道一の弓取とよばれ給ふ名将の母君ほどましまして、いみじき御思慮かなと、世にも聞傳《つた》へて感歎せぬはなかりけり」と伝えている。

## 於大と家康

　於大は刈谷城へ入らずに城の北東に位置する丘陵地「椎の木屋敷（刈谷市銀座）」に住まいし、水野家の菩提寺 楞厳寺《りょうごんじ》★に参詣して岡崎へ残された竹千代の無事と両家の安泰を祈った。

　天文十六年（一五四七）、織田信秀の岡崎侵攻に、松平広忠は今川義元に救援を求めた。義元はその引き替えに竹千代を人質《ひとじち》に要求したため、松平家ではやむなく六歳の竹千代を駿府へ送り出したが、途中、田原《たはら》城主戸田康光《とだやすみつ》に騙《だま》され竹千代は織田信秀へ渡されてしまう。熱田《あつた》の加藤図書助《かとうずしょのすけ》の屋敷へ預けられた竹千代に、すでに阿久比《あぐい》城★主久松俊勝《ひさまつとしかつ》に再嫁《さいか》していた於大は、家臣を遣《つか》わして菓子や衣類などの品々を届けさせ、我が子を見守り続けた。

**▼楞厳寺**
刈谷市天王町にある曹洞宗の寺院。応永二十年（一四一三）、南朝の忠臣日野俊基の孫利山義聡禅師が開創した。第七世古堂周鑑の時、水野忠政が帰依して以降水野家の菩提寺となり、信元、忠重などの廟所がある。於大は古堂周鑑禅師について得度し、自身と実母於富の位牌を逆修（ぎゃくしゅ）し肖像を奉納している。また、岡崎から持ち帰った茶碗や天目茶台などの調度品が納められ、これらは刈谷市指定文化財となっている。

**▼阿久比城**
愛知県知多郡阿久比町。

天文十八年、今川方が安祥城を攻撃して織田信広《のぶひろ》（信長の兄）を捕えると、今川・織田の間で信広と竹千代の人質交換が行われた。竹千代は駿府の今川義元の元へ送られ、岡崎から於大の母源応尼《げんおうに》が来て養育にあたった。

今川家の人質として忍従の年月を過ごした竹千代は駿府で元服し松平元信《もとのぶ》と名乗り、さらに元康《もとやす》と改めた。於大が我が子と再会を果たしたのは永禄三年（一五六〇）である。桶狭間《おけはざま》の戦いの先鋒《せんぽう》として大高城に出陣する途中の元康が久松俊勝の館へ立ち寄った時で、親子の対面は実に十六年ぶりのことであった。

この戦いで今川義元が討たれると元康は、敗走の混乱に乗じて今川勢が捨てていった岡崎城に入り、以後、今川家と決別した。

天正十五年（一五八七）、俊勝が亡くなると、於大は安楽寺（蒲郡市）で尼となり伝通院の号を授かった。関ヶ原の戦いの後、徳川家康（元康）に招かれた於大は上京し、晩年は伏見城で家康や孫たちとともに過ごした。慶長七年（一六〇二）七十五歳で死去、知恩院（京都市東山区）で葬儀が営まれ、のち、江戸小石川伝通院（東京都文京区）に改葬された。

伝通院（於大）調度品　天目茶台
（楞厳寺蔵）

# ③ 水野家と織田家

尾張で勢力を伸ばす織田信長。水野信元は織田方につき、今川・松平家を相手に戦う。水野・松平・織田家の同盟ののち、水野忠重は徳川・織田の重臣となり、西三河において堂々たる地位を築いた。

## 今川氏の尾張侵攻

父忠政の死後、松平氏と手を切り織田方へつくことを鮮明にした水野信元は、まず知多半島の平定に乗り出した。

しかし天文二十年（一五五一）、織田信秀が死去し信長の代になると、織田氏に内部抗争が起こり、その隙に今川義元は重原《しげはら》城（知立市）、沓掛《くつかけ》城（豊明市）、鳴海《なるみ》城、大高城を次々と攻略して西三河一帯を制圧し、尾張へ勢力を伸ばした。

そして天文二十二年、水野家の領内であり緒川城の北方約二キロメートルの地点にある村木《むらき》（知多郡東浦町森岡）に砦を築いたことにより、村木砦の戦いが勃発する。

天文二十三年一月二十四日、今川義元と織田信長・水野信元の戦いは、織田・

水野連合軍の勝利に終わったが、双方の死傷者数は夥《おびただ》しいものであった。信長が鉄砲にいち早く着目し、戦に使用したことはよく知られたところであるが、実戦に用いたのは、この村木砦の戦いが最初である。

今川氏の勢力は尾張の南東まで広がっており、村木砦の戦から六年後の永禄三年（一五六〇）、信長は、今川氏の尾張の拠点である鳴海城と大高城への攻撃に出た。今川義元は四万余りの兵を率いて出陣し、織田方が築いた丸根《まるね》砦、鷲津《わしづ》砦（名古屋市緑区）を攻め落とす破竹の勢いであった。桶狭間《おけはざま》に着陣した義元は陣中で宴を催し油断していたところを、暴雨をついて襲撃してきた約二〇〇〇人の織田軍に破れ、義元は討たれた。今川軍が総崩れとなって退却していく中、先鋒として大高城にいた松平元康は、それを知らずにいた。この時、水野信元は敵方とはいえ甥の元康に使者を遣わして現状を知らせ、織田軍が攻撃してくる前に早く退却するよう促している。

この桶狭間の戦いによって尾張・三河の勢力図は大きく変わった。今川氏は衰退し、織田氏が急成長したのである。

## 刈谷城、一夜の落城

桶狭間で義元を失った今川軍が駿府へ退却していく中、気骨を見せた人物がいる。鳴海城主岡部元信《おかべもとのぶ》で、籠城《ろうじょう》して戦い続けていたが、義元の首と引き換えに織田方へ城を明け渡して撤退した。しかし戦功のないまま退却することをよしとせず、途中、刈谷城へ攻め寄せた。この時、水野信元に代わって刈谷城を守っていたのは弟の信近《のぶちか》★であった。今川軍の敗走に油断して少人数でしか城を固めておらず、岡部勢の攻撃を防ぐことが出来なかった。岡部元信は忍びの者を城内に潜入させ、さらに海側から一〇〇人ばかりで押し寄せて城に火を放ち攻め入った。不意をつかれ、信近は討たれた。

この事態に緒川城から水野家家臣牛田玄蕃《うしだげんば》が約二五〇人の手勢を連れて駆けつけ、刈谷城から岡部勢を追い落とし、さらに追撃して信近の首を取り戻すという奮戦をしている。退却する岡部軍から矢文が放たれ、それには

「此《この》城に一夜の宿をかりやして明けなば水の泡と消えなむ」

とあり、城中水野側からの返し矢に、

「今川の浪風あらく立来《く》れど勝《まさ》る水野になびくよしもと」

との和歌のやり取りがあったという。

## 水野・松平・織田家の同盟と誤解

桶狭間の戦いののちも、水野家と松平家は争いを繰り返した。石ヶ瀬川《いしがせがわ》の戦い★、

▼水野信近
刈谷城に在城していたことから水野信近を刈谷城主とする説があるが、城主は水野信元で、信近は城代である。

▼石ヶ瀬川の戦い
永禄元年（一五五八）の水野信元と松平元康の戦い。場所は知多郡東浦町及び大府市森岡町辺り。信元は敗北し周辺国人の多くが今川方となったが、以後、永禄四年までに三度にわたり戦いが行われた。

刈谷十八町畷の戦い★等々である。何度かの争いののち、水野信元は、信長に勧めて松平元康と和議を結ばせ、永禄五年（一五六二）、松平家と織田家の清洲《きよす》同盟が成立する。信元も血判《けっぱん》をし、信長・元康・信元の三氏は牛玉宝印《ごおうほういん》を三つに切りこれを呑み誓った。

しかし天正三年（一五七五）、信元は織田家家臣佐久間信盛《さくまのぶもり》の讒言《ざんげん》によって、武田氏への内通の嫌疑をかけられ、信長の怒りを買うことになった。信元は徳川家康★の計らいによって大樹寺《だいじゅじ》★で誤解が解けるのを待ったが、同年十二月二十七日、徳川家家臣平岩親吉《ひらいわちかよし》らに討たれた。

その後、刈谷城は佐久間信盛に与えられ、水野家の家臣たちは退けられた。

『改正三河後風土記』によると、信元には当時二歳の男子がいたという。その子どもは土井《どい》家に引き取られ、のち、土井利勝《としかつ》★と名乗った。長じて下総国《しもうさ》佐倉《さくら》・古《こ》河《が》藩主となり江戸幕府の大老になった人物で、利勝の四代後の土井利信《としのぶ》が十四代目刈谷藩主となっている。

## 忠重と織田信長

信元の弟忠重《ただしげ》は、兄信元に従って戦で数々の軍功を挙げてきた武将であった。永禄元年（一五五八）、十八歳の時には石ヶ瀬川の戦いで一番に槍を合わせて敵を

▼刈谷十八町畷の戦い
永禄三年六月の水野信元と松平元康の戦い。

▼徳川家康
永禄九年（一五六六）、松平元康は朝廷の許しを得て徳川家康と改名した。徳川宗家は「徳川」と表記するが、本書では「徳川」とする。

▼大樹寺
愛知県岡崎市にある浄土宗の寺院で、創建は文明七年（一四七五）、松平親忠による。徳川家（松平家）の菩提寺であり、山門から直線上に岡崎城を望む。江戸幕府歴代将軍の等身大の位牌が安置される。

▼土井利勝
出生については土井利昌の子、徳川家康の子と諸説ある。

▼三河一向一揆
永禄六年（一五六三）、家康支配下の三河国岡崎周辺で起こった一向宗門徒の一揆。徳川家の支配に抵抗して門徒たちが起こしたものであるが、徳川家家臣も加わっていたために鎮圧に手間取った。この時、忠重は兄信元と意見が合わず、鷲塚へ移り、以後、家康に従った。

突き伏せながら、兄忠《ただ》分《わけ》に譲って首を取らせ、信長を感嘆させたことが伝えられる。

　刈谷十八町畷の戦いや三河一向一揆《いっこういっき》★などで活躍したが、信元と不和になり、家康の傘下に入った。その後、小豆坂《あずきざか》の戦いや永禄十二年の今川氏真《うじざね》らが籠城する掛川城《かけがわ》攻め、元亀元年（一五七〇）の姉川《あねがわ》の戦い、元亀三年の三方ヶ原《みかたがはら》の戦い★などで活躍し軍功を挙げ、家康から兜《かぶと》と鎧《よろい》を賜《たまわ》っている。

　信元の死後、佐久間信盛が刈谷城主となったが、天正八年（一五八〇）、信盛が信長の勘気を蒙って高野山《こうやさん》へ追放されると刈谷城は水野家に返された。信長が水野信元に罪なきことを悔い、忠重に家督を継ぐことを命じたという。

　水野家一統は織田家の家臣に入り、天正八年の家康による高天神城《たかてんじん》攻めに参加した。遠江国高天神城（静岡県掛川市）は、武田家の支配する駿河の国境近くに

徳川二十将図（家康のすぐ右に水野忠重が描かれている）（賢忠寺蔵）

▼三方ヶ原の戦い
元亀三年（一五七二）十二月、武田信玄と徳川家康が遠江国三ヶ方原（静岡県浜松市北区三方原町近辺）で戦った。信玄軍は二万五〇〇〇の兵力で家康軍を三方ヶ原に誘い出し、対する家康は八〇〇〇の兵と織田信長の援軍三〇〇〇とともに戦ったが大敗し、浜松城へ敗走した。

位置し、「高天神を制する者は遠州《えんしゅう》を制す」といわれたほど重要な地である。元は今川家の勢力下にあったが、今川家の滅亡後に城主小笠原氏興《うじおき》・信興《のぶおき》は家康の家臣となっていた。天正二年に武田勝頼《かつより》の攻撃によって落城しており、それを奪還するために家康は周辺に砦を築き、攻撃を開始したのである。城には武田勝頼家臣であり今川家旧臣の岡部元信が籠城しており、岡部は援軍を要請するが、伊豆国三島《みしま》で北条氏政《ほうじょううじまさ》と対峙していた勝頼は援軍を送ることが出来なかった。

この時、忠重はすでに、信長の信頼を得た武将に成長している。戦況を信長に報告し、細かい指示を手紙で受けている。

内容は「城中は一段と大変な状態で、敵は高天神城に瀧坂《たきさか》城・小山《こやま》城を添え、三つの城を譲渡することで降伏を考えているようだが、推量するに、武田勝頼の援軍が期待出来ないからではないだろうか。家康殿も敵に気遣いをし、兵たちも辛労《しんろう》であろうが、信長は二年のうちに駿河・甲斐《かい》へ出陣するつもりである。勝頼が援軍を出さず三つの城を見捨てたなら、それは駿河国の端々《はしばし》に聞こえ、諸将を抑えることは出来なくなり、後々《あとあと》駿河・甲斐を取り易《やす》くなるだろう。開城受諾するかどうかは家康と家老たちとよく相談して決めるように。これは信長の心底を残らず申し送るものである」というもので、忠重が信長・家康双方にとって重要な位置にいたことをうかがわせる。

結果、降伏の申し出を入れずに徳川軍は攻撃を続行し、岡部元信らは討死、落

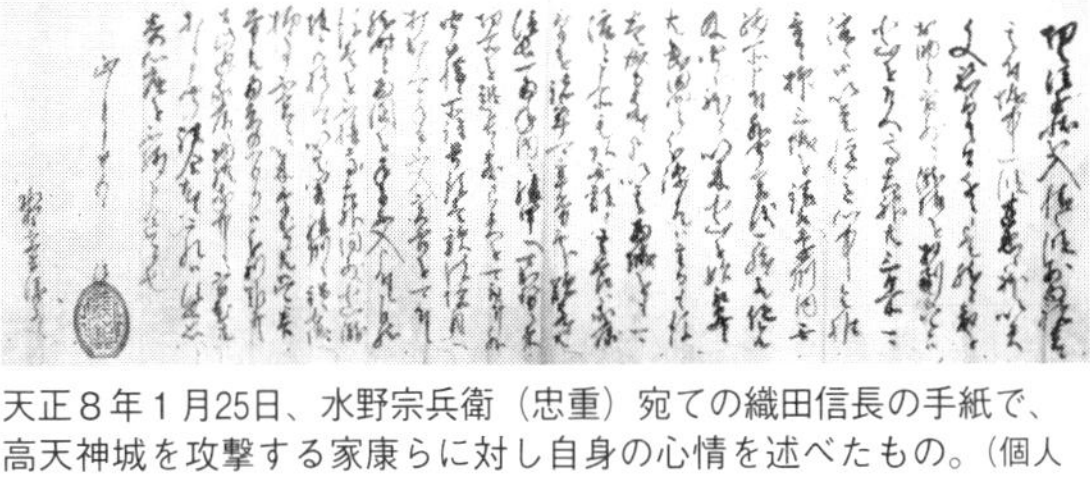

天正８年１月25日、水野宗兵衛（忠重）宛ての織田信長の手紙で、高天神城を攻撃する家康らに対し自身の心情を述べたもの。（個人蔵・茨城県立歴史館保管）

城した。信長が予見した通り、援軍を送ることが出来ず岡部らを見殺しにしたことで武田勝頼の権威は、以後失墜していく。

## 忠重の突然の死

天正十年（一五八二）に本能寺《ほんのうじ》で信長が明智光秀《あけちみつひで》によって討たれると、忠重は織田信雄《のぶかつ》（信長の二男）につき、一時期、信雄から刈谷・緒川・北伊勢を与えられた。小牧《こまき》・長久手《ながくて》の戦い★で活躍したが、信雄と羽柴秀吉の講和成立後、秀吉の度重なる仕官の誘いに乗り秀吉に仕え武者奉行を務めた。

天正十五年、九州出陣に従い、前年に豊臣姓となった秀吉から豊臣を名乗ることを許され従五位下和泉守《いずみのかみ》に叙任される。そして伊勢国神戸《かんべ》領四万石に封ぜられ、刈谷城へは豊臣秀次が入った。

天正十八年（一五九〇）、北条氏を降伏させ家康を関東へ移封《いほう》した豊臣秀吉は天下統一を成し遂げた。織田信雄の旧領であった尾張・北伊勢・三河の一部を領した秀次は、自身はほとんど刈谷領に在国することはなく家臣へ所領給付を行い、支配を任せた。この間、豊臣政権下での太閤検地や兵農分離があり、刈谷にも秀次の家臣吉田久左衛門《きゅうざえもん》の家来国松久次《くにまつひさつぐ》らの検地を示す資料が残されている。

忠重は文禄三年（一五九四）に刈谷領へ戻され、さらに翌年の秀次切腹事件を

▼小牧・長久手の戦い
天正十二年（一五八四）の徳川家康・織田信雄と羽柴秀吉の戦いで、織田信長亡き後の後継者を巡る争い。家康軍は小牧山（小牧市）に、秀吉軍は楽田（犬山市）にそれぞれ布陣した。秀吉軍の別動隊が家康の留守中の岡崎へ侵攻しようとして両者は長久手で激突した。

追腹塚（宝蔵寺／知立市）

受けた大きな所領替えにより、秀次の家臣に分散されていた刈谷領はまとめられて二万石を領することになった。しかし慶長五年（一六〇〇）、関ヶ原の戦いの直前、三河国池鯉鮒宿《ちりゅうしゅく》の本陣峰惣左衛門《みねそうざえもん》宅で堀尾吉春《ほりおよしはる》、美濃国加賀野井城★主加賀《かがの》井重望《いしげもち》と酒宴中に、加賀井重望に殺された。吉春は遠江国浜松領十二万石を領していたが、前年に隠居し家康から五万石の隠居領地を与えられて越前国府中城へ赴く途中に三河に立ち寄り、忠重らと宴席に連なったものであった。重望は吉春によってその場で討たれたが、原因は忠重と口論になった末の刃傷沙汰とも、重望の懐中から石田三成《いしだみつなり》の密書が出てきたことから、三成が放った刺客であったともいわれている。そして忠重の家臣ふたりは責任を感じてその場で切腹して果て宝蔵寺（知立市）に葬られた。その墓は、追い腹を切ったことから追腹塚とよばれており、同寺には加賀井重望の墓もある。

水野家の墓所（楞厳寺／刈谷市天王町）

▼加賀野井城
岐阜県羽島市にあった平城で、加賀井とも書く。

これも刈谷

# 於大の生涯を巡る

徳川家康の生母として名高い於大。政略結婚・三歳の我が子との別れ・再嫁と、戦国期の多くの女性にみられるように時代に翻弄された生涯であった。❶

享禄元年（一五二八）、緒川城に生まれる（刈谷説あり）。天文十年（一五四一）、岡崎城主松平広忠に嫁ぎ、翌年に竹千代が誕生する。❷

天文十三年、松平家を離縁されて刈谷へ戻り、楞厳寺（刈谷市天王町）に参詣しながら刈谷城北東丘陵地「椎の木屋敷」で暮らした。❸

天文十六年頃、阿久比城主久松俊勝に再嫁し三男四女をもうける。桶狭間の戦いの後、俊勝に従って岡崎城へ移る。❹

天正十五年（一五八七）、俊勝が亡くなると、安楽寺（蒲郡《がまごおり》市清田町）と洞雲院に葬り、自身は安楽寺の寿慶上人によって授戒を受け伝通院の号を授かり尼となった。洞雲院には於大と俊勝のほか久松定益・定義・松平定綱の墓所がある。❺

慶長七年（一六〇二）、伏見城で晩年を過ごしたが、まもなく病に伏し、八月二十九日に七十五歳で亡くなった。戒名は「伝通院伝蓉誉光岳智香大禅定尼」❻

❶於大像（刈谷市銀座）

❷伝通院於大出生地碑（緒川城址・知多郡東浦町）

❸椎の木屋敷跡（刈谷市銀座）

❹阿久比城址（知多郡阿久比町）

❺洞雲院（知多郡阿久比町）

❻於大の墓所（伝通院／東京都文京区）

# 第二章 初代藩主 水野勝成

父と衝突して出奔し、十五年間も諸国を放浪した経歴をもつ異色の藩主。

1

# 血気盛んな若武者時代

高天神城の戦い、天正壬午の乱、星崎城攻め、小牧・長久手の戦い。
並み居る家康の家臣をものともせず、父の諫めも聞かず、戦場を駆ける水野勝成。
血の気の多い性格から、事件を起こして出奔し父から勘当される。

## 勝成、戦場を駆ける

水野勝成は国松《くにまつ》、籐十郎《とうじゅうろう》、六左衛門《ろくざえもん》、忠則《ただのり》との名をもった。生まれは、刈谷あるいは岡崎、鷲塚とも諸説があり定かではない。父忠重に似て、相当血気に逸《はや》った人物だったようだ。

初陣は天正八年（一五八〇）から天正九年にかけての高天神城攻めで、十七歳で父忠重に従い出陣した。天正九年に総攻撃が展開されると、家康家臣団が攻めていく中、勝成は父に付いて奮戦し二の丸へと突撃していった。この天正九年の高天神城の戦いで戦功をたてた勝成は、『水野勝成覚書　勝成記補』によると信長から感状と刀を与えられたが、刈谷で火災の時に焼失したとある。

天正十年の本能寺《ほんのうじ》の変後、再び国内は乱世の模様を呈し、旧武田家の領地を巡

高天神城址（静岡県掛川市）

る徳川家康と北条氏政の争いが起こった。甲斐・信濃・上野《こうずけ》といった広域で繰り広げられた天正壬午《てんしょうじんご》の乱で、十九歳の勝成は鳥居元忠《とりいもとただ》らの武将とともに家康に従って出陣した。

北条軍総勢約四万に対し、家康軍は約一万であった。八月、若神子《わかみこ》（山梨県北杜市）に着陣した北条氏直軍は、氏忠軍約一万を、家康本陣へ向かわせたが、水野勝成・鳥居元忠ら約三〇〇〇人が古府《こふ》（山梨県甲府市）に布陣しており、両者は、黒駒《くろこま》（山梨県笛吹市御坂町）で激突した。

しかしこの時、氏忠軍の動きが鳥居元忠に先に知らされ、元忠が抜け駆けして自軍のみで出陣していく事態が起こった。これを知った勝成はたちまち元忠軍に追い付き敵と戦い、家臣が一番首をあげたのを皮切りに敵を追い詰め、勝成自身も内藤某《なにがし》なる武将を討ち取るなど散々《さんざん》に戦った。味方は首級《しゅきゅう》数百を挙げ、敵陣の前に晒《さら》して見せたという。

血の気が多く真っ直ぐな勝成は、元忠の抜け駆けが相当我慢ならなかったようで、元忠軍に追いついた時『水野勝成覚書』によると「新府でこの度の戦について相談し、また父からも自分が若年ゆえ頼みおくと話があったのに、出陣を知らせず出し抜いていった事は余りに曲がったことである、そういうつもりなら自分も思うままに手柄を稼ぐので、そう心得られよ」と言い捨てて戦場へ駆けたという。勝成の戦功によって黒駒の戦いに勝利したことで、徳川軍は不利な状況なが

水野勝成画像
（賢忠寺蔵）

らも戦局は約八十日にわたって膠着《こうちゃく》する。そのうちに上野・信濃国の真田《さなだ》氏などの諸将が徳川方へ寝返り、戦局は北へと移るが、最終的に徳川・北条両軍の間で和議が結ばれ、家康が甲斐国・信濃国を領有した。

信長亡き後、羽柴秀吉の勢力が拡大しつつあった。明智光秀を討った秀吉に敵対した柴田勝家《しばたかついえ》・滝川一益《たきがわかずます》を、賤ヶ岳《しずがだけ》の合戦で破り、勝家は北ノ庄《きたのしょう》（福井市）へ戻って切腹して果てるなどがあり、秀吉は織田信長の二男信雄を取り込み、破竹の勢いであった。信雄は家臣の讒言を入れて星崎城★主岡田重孝《おかだしげたか》・松ヶ島城★主津川《つがわ》義冬《よしふゆ》・苅安賀城《かりやすか》★主浅井長時《あざいながとき》の三人の家老を手討ちにしたために、星崎城では岡田重孝の父重善《しげよし》ら一族が立て籠もって信雄に反旗を翻し、ここに戦端が開かれた。信雄は家康に援軍を請《こ》い、家康側から石川数正《いしかわかずまさ》、水野忠重・勝成が出陣した。勝成はここでも真っ先に二の丸まで攻め入り、翌日、城内への突入を果たしている。

## 父の叱責と出奔

天正十二年（一五八四）になると、秀吉と家康の争いは頻度《ひんど》を増し、小牧・長久手の戦いが勃発する。

ここで三好秀次《みよしひでつぐ》★らが家康不在の岡崎を標的に定めた三河侵攻を開始するとの情報を得た家康軍は、水野忠重・勝成、丹羽勘助《にわかんすけ》（氏次）らを先鋒に秀次軍を後ろ

▼星崎城
名古屋市南区本星崎町。

▼松ヶ島城
三重県松阪市。

▼苅安賀城
愛知県一宮市。

▼三好秀次
一五六八〜一五九五。三好吉房と秀吉の姉の子で、のちの豊臣秀次。天正十三年、近江国四十三万石を与えられ、八幡山城と城下町（近江八幡市）を築いた。天正十九年、秀吉から関白職を譲られ聚楽第に入った。秀吉に実子秀頼が誕生すると秀吉との関係が悪化し、文禄四年（一五九五）、謀反の嫌疑がかけられ、高野山で切腹させられた。

から追撃し、これを敗走させた。

しかし、この時勝成は結膜炎《けつまくえん》を患っていたため、兜《かぶと》をかぶらずに出陣していたところ父忠重からひどく叱責《しっせき》された。しかし勝成は父の言葉を一笑《いっしょう》に付し「頭を割られるか一番首を取るか今日《こんにち》の勝負にあるべし」と言って真っ先に駆けた。忠重や家臣の制止も振り切って秀次軍に突入するや、一番首を取って家康に持参して見せたという。

この小牧・長久手の戦いは、秀吉と信雄の和睦が成立し、家康が状況有利な中で終わり、秀吉も大坂城へ戻ったが、その二カ月後に滝川一益が、信雄配下にあった蟹江城《かにえ》（海部郡蟹江町）を乗っ取ったために、信雄・家康らは急遽《きゅうきょ》出陣し、ここに蟹江城合戦が起こった。勝成は、秀吉側の九鬼《くき》水軍の船を乗っ取り城へと突撃をかけた。結局滝川一益は信雄に降伏し、家康は城を佐久間正勝に任せて引き揚げた。

その家康引き揚げを聞いた秀吉は再度出陣し、今度は桑名《くわな》（三重県桑名市）に布陣した。忠重も陣を構えて秀吉軍と相対した。勝成もまた桑名の陣中にいたが、忠重の寵臣《ちょうしん》富永半兵衛が勝成についての讒言を忠重に呈したため、富永半兵衛を殺害して出奔し家康の元へ走った。この時、勝成二十一歳である。

## ② 無鉄砲に諸国放浪

戦場でしか生きる術のない勝成。四国・中国・九州と身分を隠して放浪し、佐々成政・加藤清正・黒田長政に仕え、九州の一揆勢鎮圧に働く。十五年にわたる苦難の放浪生活ののち、慶長四年（一五九九）、父と和解し刈谷へ戻る。

### 奉公構を受ける

天正十二年（一五八四）、事情を説明して信雄・家康の麾下《きか》に入ることを望んだ勝成であったが、嫡男の素行《そこう》に忠重は激怒し、奉公構《ほうこうかまい》★が出されていた。家康は伯父・従兄弟という親類のことでもあり、忠重の気分が鎮《しず》まるまで寺に匿い取り成そうとしたが、忠重の怒りは相当なものがあったようだ。厳しい追求に勝成は家康の元を離れ、尾張や美濃の近隣領主を頼るも、忠重の奉公構の命が行きわたっており、どこにも仕官が出来ずに京へ上った。京都での動向ははっきりしないが、六左衛門と名乗り、南禅寺《なんぜんじ》山門で浮浪の徒に交じり乞食《こじき》同然の生活をしていたようだ。のち中国・九州へと流浪する中で『常山紀談《じょうざんきだん》』によると、「尺八一本携へて虚無僧《こむそう》となりて日本国をめぐり、或時は堂塔に夜を明かし、或時は野にも

▼**奉公構**
武家における刑罰のひとつ。出奔した者の他家への奉公を禁じるもので、切腹に次ぐ重刑。

山にも日を暮らし」という有様だったようで、大名家の嫡男でありながら、身ひとつで飛び出し日々の暮らしにも事欠いていたことがうかがえる。

天正十三年、秀吉の麾下に入り、仙石秀久《せんごくひでひさ》の家来となって四国平定の軍に加わり、結果、秀吉から七百石の知行を受けた。しかし長くは留まらず、中国・九州へと放浪した。喧嘩により豊臣家中の者を斬ったなどいわれるが定かではない。

天正十五年、九州に入った勝成は、肥後《ひご》国佐々《さっさ》成政《なりまさ》に一千石で仕えた。肥後国人一揆鎮圧で戦功を挙げるが、天正十六年、佐々成政が一揆発生の咎《とが》で切腹させられ、代わって肥後国を小西行長《こにしゆきなが》が治めるようになると、行長に仕えた。

天正十七年、行長が宇土《うと》城（熊本県宇土市）を新たに築城する計画をたてたことから発生した天草《あまくさ》国人一揆は、またたくまに肥後国に広がった。勝成はここでも出陣し、阿波鳴門之介《あわなるとのすけ》なる人物と戦功を競い、また志岐《しき》城（熊本県天草郡苓北《れいほく》町）を加藤清正《かとうきよまさ》の軍とともに攻め、さらに本渡《ほんと》城（熊本県天草市本渡町）攻めにも加わった。乱鎮圧後は加藤清正に仕え、次に黒田孝高《くろだよしたか》に仕官し豊前《ぶぜん》国一揆鎮圧に参加した。つまり、戦場から戦場へと渡り歩いていたわけである。黒田家仕官の間に知り合ったのが後藤基次《ごとうもとつぐ》で、のちに勝成とは大坂夏の陣において敵となる人物である。

同年夏、大坂城へ上る黒田長政《ながまさ》に従って瀬戸内海を北上していたが、鞆《とも》の浦（広島県福山市）で上陸して黒田家を離れた。長政が勝成に、帆柱の縄を解くなど

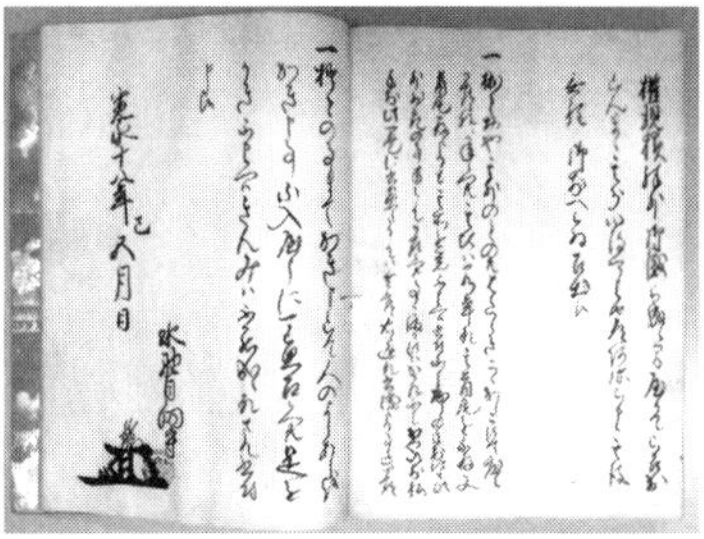

寛永18年、勝成が自身を中心とする水野家の勲功をまとめ、将軍家へ献上した「水野勝成覚書」。（個人蔵・茨城県立歴史館保管）

の本来船人がする仕事を命じたことから、長政は武士の扱いを知らぬ将であると、見切りをつけたといわれる。

## 勝成の妻子たち

備中《びっちゅう》・備後《びんご》国を放浪していたが、文禄二年（一五九三）、秀吉による朝鮮出兵にかかる募兵をしていた備中国成羽《なりわ》（岡山県高梁市成羽町）の鶴首《かくしゅ》城主三村親成《みむらちかしげ》の食客《しょっかく》となった。しかし翌年に城主の月見会で、茶坊主の態度に立腹し斬り捨てて出て行ったとの話がある。

三村家食客中に、親成の兄家親《いえちか》の末娘お珊《さん》を正妻として迎えたが、親成の麾下にいた藤井利直《ふじいとしなお》の娘お登久《とく》との間に、慶長三年（一五九八）、一子長吉をもうけている。のちの備後国福山藩二代目藩主水野勝俊《かつとし》である。

後年、勝成は親成の恩を忘れず、福山藩主となった時に三村氏と勝俊の母の一族藤井氏を家老職に召し抱え、両家は水野家家臣の中核となり、ともに子々孫々繁栄した。

## 父と十五年ぶりの和解

慶長三年（一五九八）、秀吉が没すると徳川家康は秀吉の五大老筆頭として事実上政権を主導しはじめ、石田三成との対立が激しくなっていた。同四年、伏見《ふしみ》に上った勝成は密かに向島《むかいじま》（京都市伏見区向島）の家康邸の警備を務めていたが、これが家康の耳に入り、忠重と勝成父子を仲介して和解させた。勝成の放浪生活は十五年に及び、この年三十六歳となっていた。

家康の麾下に加わった勝成は、翌慶長五年七月、早速会津《あいづ》へ出陣した。これは、家康の上洛命令に応じない上杉景勝征伐の軍であった。佐久島（西尾市一色町佐久島）で一旦父忠重と会った勝成は、小山《おやま》（栃木県小山市）に向かったが、同月二十五日、忠重変死の報が飛び込んできた。家康は直ちに水野家相続を勝成に命じたが、勝成は躊躇してこう答えたという。「自分は若年にして父から勘当を受け諸国を放浪していたため家臣に対し領主として臨むことには躊躇する」

これに対し、家康は刈谷に残る水野家家老に対して、忠重の跡目相続は勝成にして家臣一同仕え支えるようにとの書状を送っている。

さらに家康は、自分の家臣中山将監重盛《なかやましょうげんしげもり》を付家老として、刈谷へ戻る勝成に同行させた。中山重盛の祖母は水野忠政の娘であり、信元が殺害され刈谷が佐久間信盛のものとなって水野家家臣が追われた時、家康を頼ってその麾下に入った人物である。

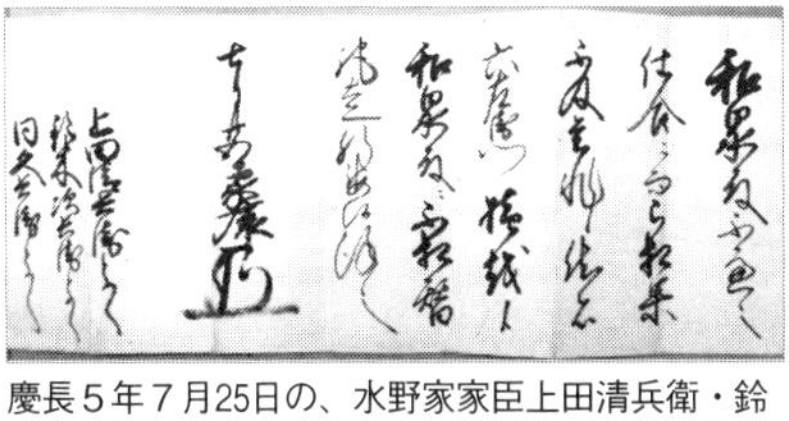

慶長５年７月25日の、水野家家臣上田清兵衛・鈴木次兵衛・鈴木久兵衛宛ての徳川家康書状。忠重の死を弔し、六左衛門（勝成）に家を継がせ忠を尽くすべき旨が書かれている。
（個人蔵・茨城県立歴史館保管）

ここまで家康が勝成の家督相続に気を遣ったのは、刈谷では勝成はすでにいないものとされ、二男忠胤《ただたね》を推す勢力が大きかったことが挙げられるという。家康の助力を受けて刈谷へ戻った勝成は家臣団をまとめ、第四代刈谷城主となった。

同年、野田八幡宮★の修築を手掛けており棟札に「刈谷城主水野六左衛門忠則」と記され、放浪時代に六左衛門で通してきた勝成が代々水野氏が諱《いみな》としてきた「忠」字の名乗りを使っていることが興味深い。

また、豊臣方（西軍）を相手の合戦を前にして戦勝を祈願し総髪《そうごう》の兜を奉納している。

刈谷では、勝成の治政において検地も行われなかったとされ、領地を治めた事績は、ほとんど記録されていない。のちに転封した備後国福山藩において卓越した治政を行った勝成との差異がみられるが、この時代はまだ関ヶ原の戦い・大坂の陣と、戦乱に気の抜けない状況が続いたため、やむを得ないといわなければならない。

野田八幡宮

**▼野田八幡宮**
刈谷市野田町。白雉二十七年（六七六）に大市郷今留丘（おおいちのごういまるのおか）に創建されたと伝えられ、御祭神は八幡大神・大郎子命（おおいらつのみこと）・物部氏の祖神。水野忠政が正殿その他を再興し、以来歴代刈谷城主の深い尊崇を受けてきた。水野勝成奉納の総髪の兜は刈谷市指定文化財。徳川家康から勝成を通して奉納されたという「小町一代記」や、歴代藩主寄贈の棟札・絵馬・鎧兜・近世から近代の野田村古文書約五〇〇〇点などが隣接の野田資料館に収められる。

# 水野家略系図

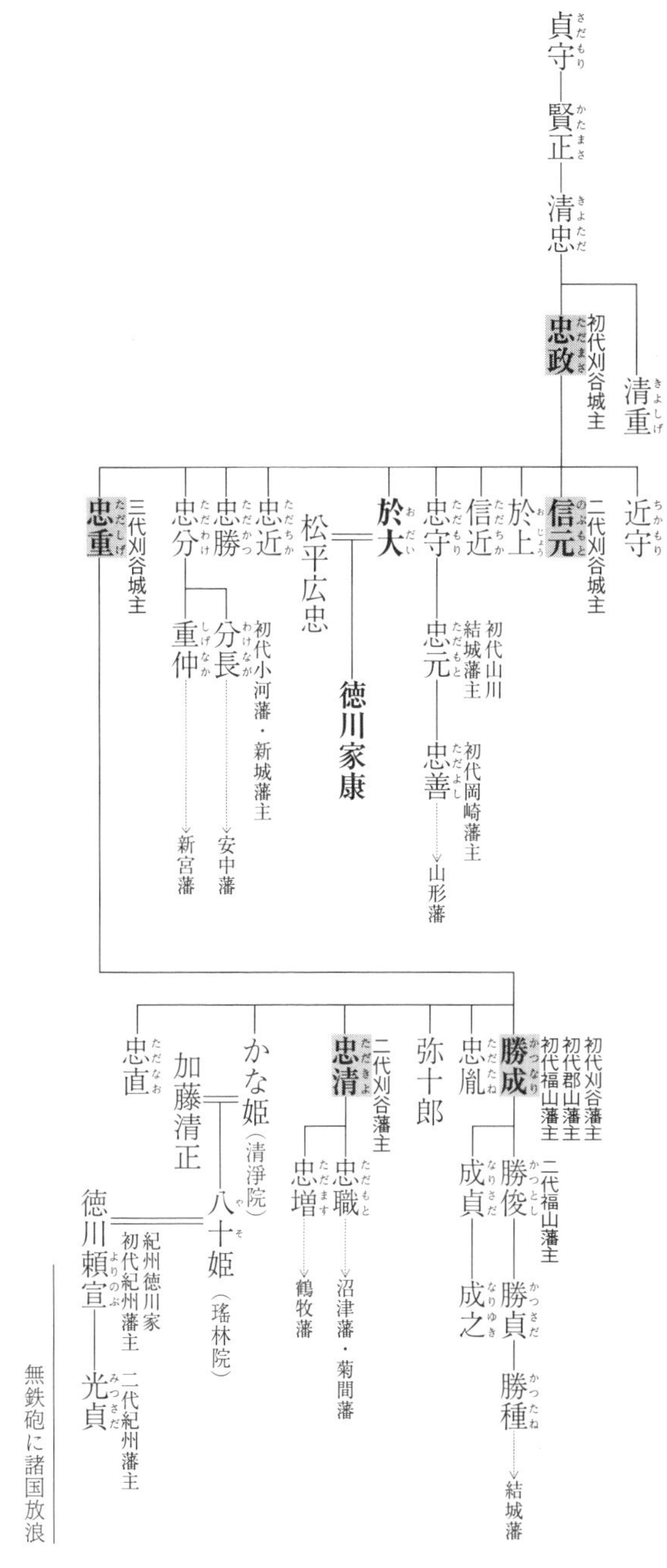

関ヶ原の戦い前に勝成が戦勝を祈願して奉納した総髪の兜（野田八幡宮蔵）

# ③ 刈谷藩初代藩主

十五年の放浪生活で成長し、刈谷藩主に就いた勝成。戦場での勇猛さは変わらず、大坂夏の陣でも先頭に立って槍を振るう。鬼日向と恐れられた水野勝成、本領発揮。

## 大垣城攻めと仇討ち

慶長五年（一六〇〇）、家康が上杉氏征伐へ向かったことで、石田三成はじめ豊臣方につく大名たちの動きが活発化していた。家康は三成の挙兵を知ると軍を戻して九月には美濃赤坂《みのあかさか》（岐阜県大垣《おおがき》市赤坂町）へ着陣し、軍議を開いた。ここで勝成は、西軍の福原長堯《ながかた》らが守護する大垣城攻めを命じられた。家康本隊とともに先鋒を務めることを願っていた勝成は何度か配置換えを申し立てたが、家康から却って叱責される有様であった。

どうしても主戦場に出て功を立てたいと勝成は食い下がったが、関ヶ原《せきがはら》で戦うも、ここで戦うも同じことであると諭され、是非なく大垣城攻めの持ち場である曽根《そね》（岐阜県大垣市曽根町）へ戻った。

大垣城（岐阜県大垣市）

この上は、主戦場の関ヶ原から離れた地では何の役にも立たないが、とにかく言われた通りに大垣城を攻め討死すれば奉公になるだろうと、松平康長《やすなが》・津軽為信《つがるためのぶ》・西尾光教《にしおみつのり》らとともに、弟の忠胤を連れて城に攻め寄せた。しかも、大垣城には、父忠重を討った加賀井重望の子弥八郎がいることが分かり、とにかく早く城を落として父の仇を討ちたいと、九月十五日の夜明けには二の丸まで進撃した。

ここまでの戦況を家康に報告すると、比類なき手柄であるとして賞され、関ヶ原合戦を前に「何《いずれ》も聞き候へ、水野六左衛門、大垣を破り二の丸まで取り、本丸ばかりに仕り候由」と諸将に披露し、勝成に負けずに皆も奮起するよう促したという。

関ヶ原では、石田三成を中心に毛利輝元《もうりてるもと》を総大将として西軍と、家康の東軍が相対し合戦となったが、西軍の小早川秀秋《こばやかわひであき》を筆頭に東軍への寝返りが続出したことで家康側の勝利に終わった。

勝成らが取り巻いていた大垣城へ、夜間に関ヶ原から逃げてきた三成の郎党《ろうとう》らが入り、西軍の敗走を知らせたために城内の兵のほとんどは逃亡した。しかし城内には忠重を暗殺した加賀井重望の子が残っていた。西尾光教は、守将のひとり福原長堯に矢文を送り、加賀井重望の子弥八郎を勝成に渡して開城するよう勧告した。福原はそれを受けて開城し、ここに大垣城攻めと父忠重の仇は終わった。

大坂城に入った家康は東軍大名や武将たちの論功行賞《ろんこうこうしょう》を行い、西軍の諸大名を厳しく処分した。慶長八年、家康は征夷大将軍に任じられ、ここに徳川幕府（江戸幕府）が開かれた。実質的に徳川家が諸大名と主従関係を結び統率する制度が確立されたのである。

## 鬼日向の異名

勝成に恩賞はなかったが、慶長六年（一六〇一）、従五位下日向守《ひゅうがのかみ》に叙任された。「日向守」は、かつて明智光秀が名乗っていたことから、忌み嫌って誰も名乗る者がなかったものを家康が勝成にどうかと勧め、受けたものだという。以後、勝成の勇猛果敢さは「鬼日向」と評され戦場で恐れられた。

勝成が所持した名刀正宗《まさむね》は「日向正宗」の号がつけられ、現在国宝に指定されている。これは大垣城落城の際、福原長堯が所持していたもので、勝成が奪い取り、のち福山藩主時代の寛永十一年（一六三四）、領内整備費用捻出《ねんしゅつ》のためか、金二五〇〇両・銀一五〇貫目の担保として紀州藩主徳川頼宣の手に渡り、長年紀州に存在していた。以前は「堅田《かただ》正宗」と号し、勝成が大垣で分捕ったことから「大垣正宗」とも号された。「日向」と改号されたのは元禄二年（一六九八）、本阿弥三郎兵衛《ほんあみさぶろうべえ》によるとされる。

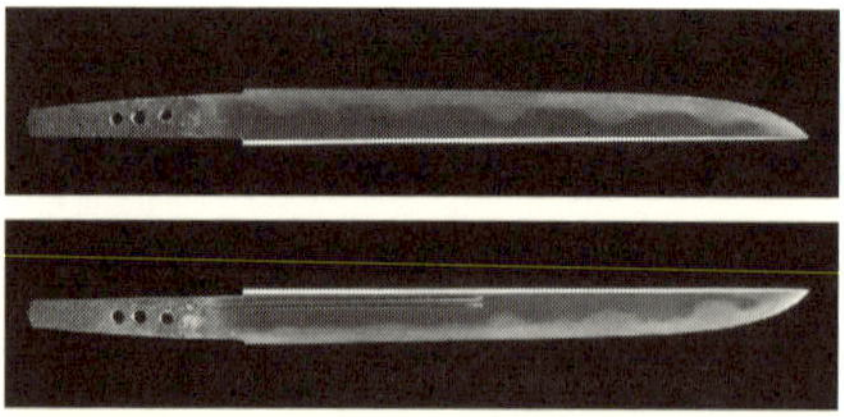

勝成が所持した「国宝 短刀 無銘正宗 名物日向正宗」
（上・表／下・裏）
（三井記念美術館蔵）

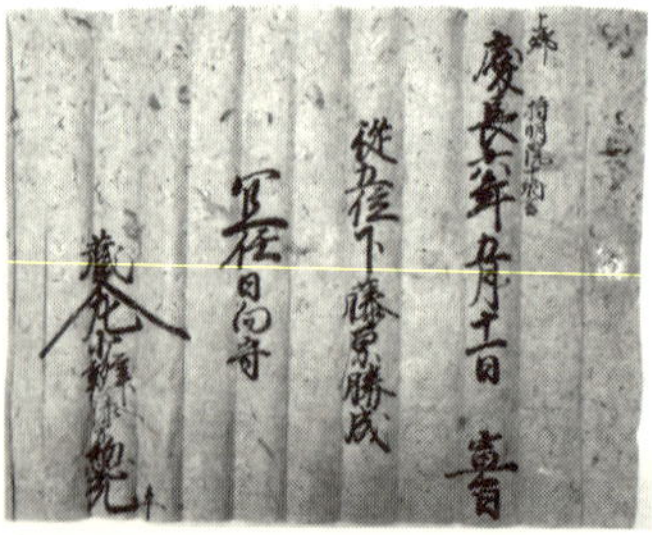

慶長６年５月11日、勝成が従五位下日向守に叙任された口宣案（くぜんあん）。
（個人蔵・茨城県立歴史館保管）

## 大坂の陣、大和口先鋒総大将

慶長十九年（一六一四）、徳川家康は、豊臣秀頼《ひでより》が再建した方広寺《ほうこうじ》の梵鐘《ぼんしょう》に刻まれた「国家安康《こっかあんこう》」「君臣豊楽《くんしんほうらく》」の銘文を問題にし、秀頼の江戸参勤・他国への転封・淀君の江戸への人質のいずれかを選ぶよう提示した。豊臣方がこれを拒否すると、家康は大坂城攻撃命令を下して諸大名を動員し、自らは京都二条城《にじょうじょう》へ入った。大坂冬の陣である。

勝成は十七歳の嫡男勝俊を連れて住吉《すみよし》へ着陣した。まず大坂城西方の木津川口で戦が始まった。大坂方大野治房《おおのはるふさ》が守る砦を蜂須賀至鎮《はちすかよししげ》らが攻め落とし、次いで城北東部の鴫野《しぎの》・今福《いまふく》（大阪市城東区）で佐竹義宣《さたけよしのぶ》・上杉景勝が砦を撃破した。木津川沿岸の博労淵《ばくろうぶち》（大阪市西区）は、大坂方薄田兼相《すすきだかねすけ》が守備にあたっていた。これを大砲で攻撃するため、勝成は家康から木津川の中洲に砦を構築するよう命じられた。厳寒の中、家臣たちは水の中で杭を打ち柵を作る工事に従事した。砦の完成を家康に報告したところ、それを蜂須賀家家臣が横から聞きつけ、蜂須賀勢は抜け駆けをするために夜中のうちに別の砦を構築しはじめた。博労淵への攻撃は石川忠総《いしかわただふさ》に命じられたが石川勢の攻撃とともに蜂須賀勢も動き、結果、守将の薄田が不在だったこともあり博労淵砦は陥落した。

勝成が市原稲荷神社に奉納した獅子頭
（刈谷市郷土資料館保管）

その後、真田丸の戦いで家康軍は大損害を受けるが、大坂城を包囲し大砲射撃を間断なく浴びせ、最終的に大坂方から和睦を受け入れる形で戦いは終息した。家康が提示した和睦条件は、二の丸・三の丸の破却と堀の埋め立て・雇用した牢人の追放等であった。戦後処理として諸大名は破却作業に残った。勝成もまた青屋口《あおやぐち》の堀を担当し、大坂城黒門の番を務めたのち、翌年二月に刈谷へ帰国した。

しかし豊臣方はさらに多くの牢人を雇い入れたために、家康は和睦違反として翌年、再度大坂城攻撃を諸侯に命じ、ここに慶長二十年四月、大坂夏の陣が勃発した。

四月八日、出陣の命を受けた勝成は、十三日に刈谷を出発すると十六日、京へ入った。そして徳川家康・秀忠《ひでただ》に二条城へ呼ばれ、大和《やまと》口先鋒総大将に任じられた。組下に配されたのは、大和衆と呼ばれる松倉重政《まつくらしげまさ》（大和国二見藩主）、堀直寄《ほりなおより》（信濃国飯山藩主）ら一五名の諸将であった。

この任を受けるについて、勝成は家康といくつかのやり取りをしている。大坂冬の陣の際、大和衆を率いて出陣したのは藤堂高虎《とうどうたかとら》であったが、大和衆は皆我儘を言って高虎の命令を聞かなかったことを挙げ、「自分は高虎より禄が小さい身分であるので大和衆は命令に服さないだろう、戦に齟齬《そご》をきたす恐れがある」と申し出ている。それに対して家康は不機嫌になりながらも、「大和口先鋒総大将は家康の名代《みょうだい》として遣わされるもので、勝手なことをいう大和衆は成敗してよろしい」との返答を与えている。配下の大和衆への全権を家康から委任されたわけであるが、さらに「総大将としての任をよく心得、今までのような自身が先駆けて一本槍で戦い功名を稼ぐようなことは慎むように。もし一介の兵のように一本槍的な戦いをすることがあれば、その責任は問われるだろう」と強く言い渡された。しかしこの誡《いまし》めは、すでに五十二歳になっていた勝成には効かず、のちに戦の論功へ響いた。

勝成が京都を出発してまもない四月二十六日、大坂方大野治房軍が生駒《いこま》山を越え郡山《こおりやま》城（奈良県大和郡山市）を攻撃し、翌日に城下を焼き討ちすると、法隆寺《ほうりゅうじ》村（奈良県生駒郡）まで進軍してきた。奈良を焼かせてはならぬと勝成は急ぎ駆けつけ、松倉重政らとともに大坂勢を追い払い、河内へ退却させた。この功で秀忠から黄金五〇枚を拝領している。

いよいよ家康・秀忠自身も出陣することになり、勝成は五月五日、大和勢全軍を率いて奈良から国府《こくふ》（大阪府柏原市）へ出陣し、自ら地形を見分《けんぶん》した。

五月六日、小松山（大阪府柏原市）に布陣した大坂方後藤基次軍と戦闘が開始され、勝成の大和勢をはじめ徳川軍は小松山を包囲し、戦闘は約八時間に及んだ。基次は戦死し、後藤軍は壊滅状態に追い込まれた。

石川を渡って道明寺《どうみょうじ》（大阪府藤井寺市）・誉田《こんだ》（大阪府羽曳野市）へ進出した勝成らは、ここで大坂方薄田兼相・真田信繁《さなだのぶしげ》（幸村《ゆきむら》）・毛利勝永《もうりかつなが》らの軍と激突する。一

小松山古戦場跡碑
（大阪府柏原市）

後藤又兵衛の記念碑
（大阪府柏原市）

小松山の戦いの東西両軍戦死者供養塔（大阪府柏原市）

旦膠着状態になった時、大坂城から八尾《やお》方面敗戦の知らせと退却命令が大坂勢に届き、真田軍を殿《しんがり》として天王寺《てんのうじ》方面へ退却していった。この時勝成は追撃を激しく主張したが、諸将は兵の疲労や人数の少なさを理由にこれを却下した。

『水野勝成覚書』には、勝成が再三に渡って伊達政宗《だてまさむね》や本多忠政《ほんだただまさ》、松平忠明《ただあきら》に追撃要請をしたやり取りが書かれ、誰も追撃に動かないことについて「さてさて苦々しく惜しき仕合いにて候」と記している。

大坂勢は引き揚げてきた全軍でもって最後の決戦を天王寺・岡山口に展開した。

## 自ら槍を振るう

慶長二十年（一六一五）五月七日、勝成軍は家康の命によって天王寺口の第五陣にまわされた。昨日の道明寺での戦で戦功を立てたこと、手負い戦死も少なくないことから命じられたものであったが、ここでも勝成は「住吉に陣を移せば大坂から遠くなり、戦で力を発揮出来ない」と反論したが、聞き入れられなかった。

結局、渋々陣を移したが、いざ開戦となると第四陣の松平忠直が突如最前線に出て戦を始めたために、勝成も負けじと第五陣の位置を守らずに自軍を率いて前線へ突出した。松平忠直は前日の戦で味方の苦戦を知りながらも参戦しなかったことを祖父家康から叱責されていたので、今回は功を挙げるために先走ったもので

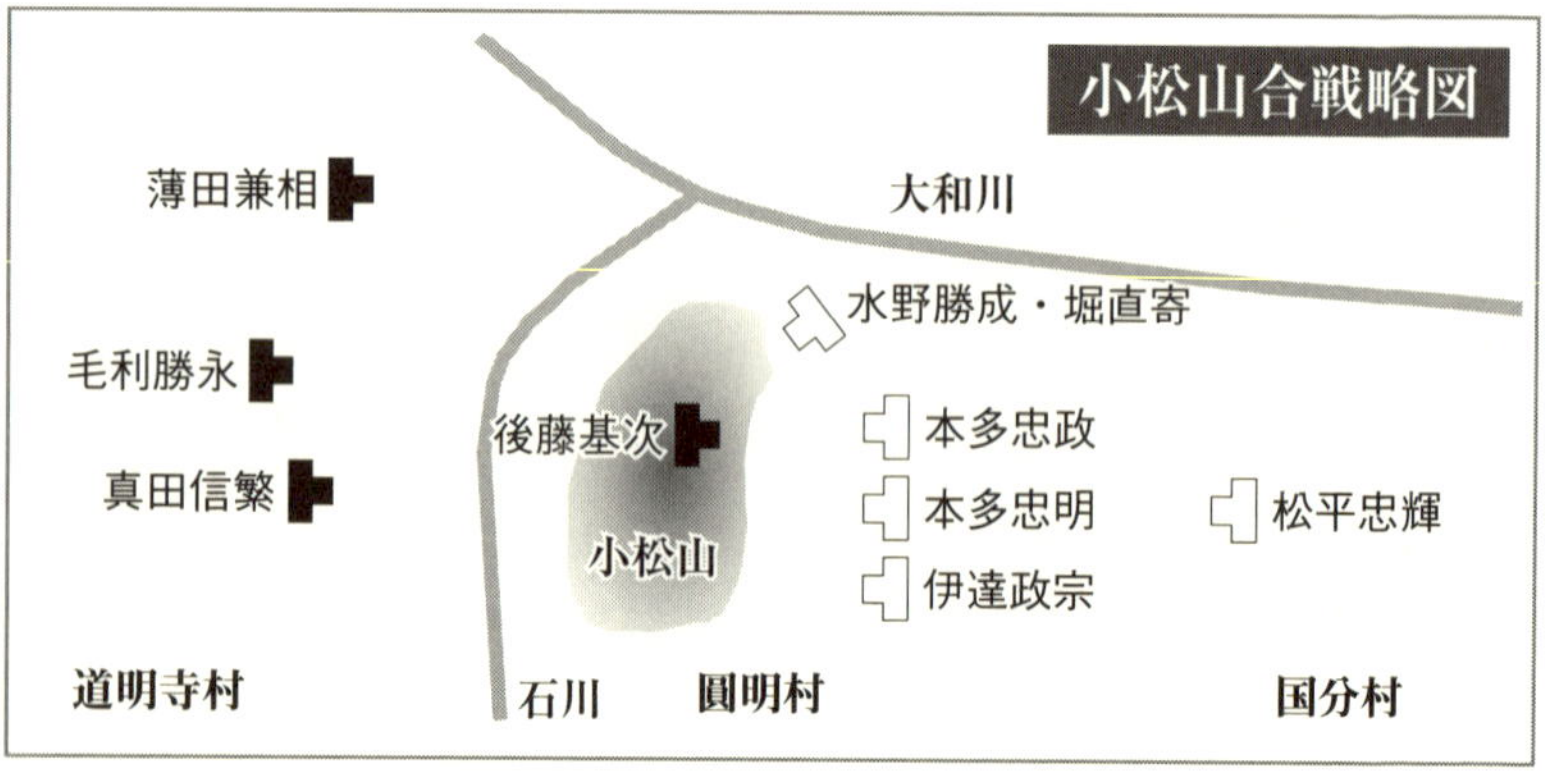

あった。これらの動きにつられて諸将も動いたため乱戦模様となった。実際、水野軍の神保相茂《じんぼうすけしげ》の軍勢は後続の伊達軍によって味方討ちに合っている。

大坂勢は、茶臼山《ちゃうすやま》に真田信繁軍、天王寺口に毛利勝永《かつなが》軍、船場《せんば》に明石全登《あかしたけのり》軍、岡山口に大野治房軍が布陣して徳川軍を迎え撃った。

勝成軍は住吉から天王寺の西を通り船場へと進撃していく中で、明石全登軍に阻《はば》まれ激戦となった。大和勢が崩れて敗走するのを勝成は「卑怯者、どこへ逃げるつもりか。逃げる者を見知りおくぞ」と大声で叱咤し、家臣とともに踏み止まり自ら槍を振るった。そのうちに大坂勢は城へ総退却、松平忠直軍が真田軍を破って大坂城一番乗りをし、勝成軍は桜門へ一番乗りを果たし幟《のぼり》を立てたのを皮切りに、深夜には大坂城は陥落《かんらく》し秀頼・淀君らは自害した。

しかし夏の陣での華々しい活躍と戦功にも拘らず、勝成に対する家康の処遇は冷たかった。それは、出陣前に釘を刺された「一介の兵のように一本槍的な戦いをすることがあれば、将としての責任は問われるだろう」の言葉が響いていたといわれる。その気性の激しさを誡めたものであったが、勝成は五十二歳という壮年でかつ一軍の将でありながら言いつけを忘れ、自ら先陣をきって槍を振るう兵卒の働きをしたことが、家康の機嫌を損ねた要因のひとつであった。

## 大坂夏の陣における主な布陣と勝成の進路

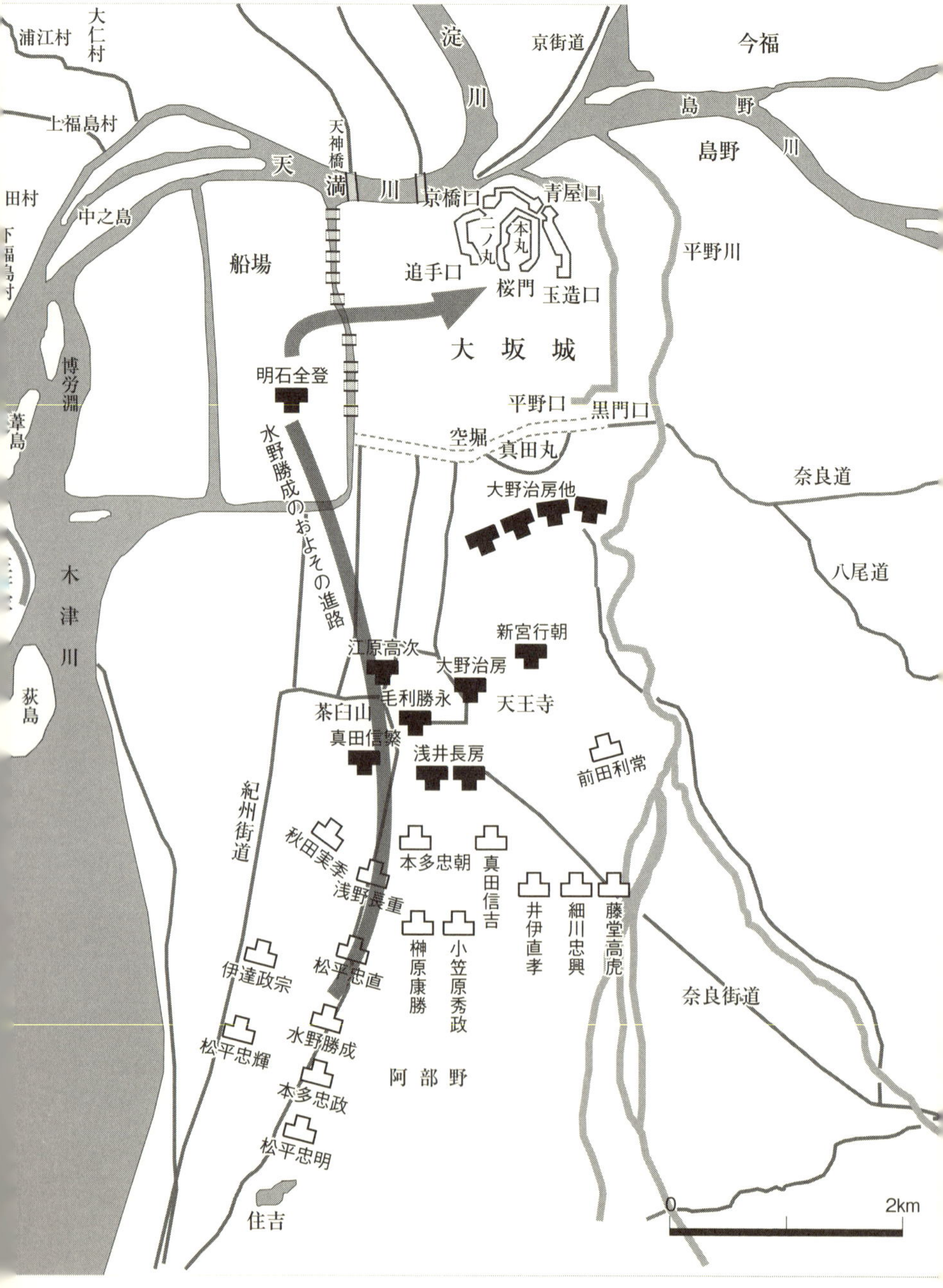

# 4 勝成の晩年

元和元年（一六一五）、刈谷藩から郡山藩へ加増転封、同五年に福山藩十万石へ転封。
平和な時代の到来とともに勝成は町づくりに取り組む。
そこには放浪生活の経験に立った親への孝心と家臣への思いやりがあった。

## 福山藩へ転封

慶長二十年（一六一五）七月、元和と改元され、ここに元和《げんな》偃武《えんぶ》★が成った。各将への論功行賞が行われ、勝成は刈谷藩三万石から大和国郡山藩六万石へ転封となった。石高が少ないとはいえ、郡山は大坂城の目付という重要な役割があり、未だ不安定な大坂へ睨みを利かせるには鬼日向勝成が適任であるとされたものであった。

郡山藩主を元和元年（一六一五）から元和五年までの四年間を務め、同年五万石を加増され備後国福山藩十万石に転封した時は五十六歳になっていた。西国外様大名への布石として中国地方に最初に赴任した譜代大名であり、勝成にとっては若き日の放浪時代を過ごした地に藩主として戻ってきたのである。

▼元和偃武
一六一五年の大坂夏の陣で豊臣家が滅亡し、戦国の争乱が終わり平和な世になったこと。偃武とは、武器を納めて用いないことを意味する。

福山藩主としての勝成は、福山城を新しく築城し、城下町の形成、干拓工事、新田開発に力を注いだ。城下町につくった上水道網は江戸の神田上水を手本にしたもので、建設規模は江戸に次ぐとされる。煙草《たばこ》や畳表《たたみおもて》の生産、鉱山の開発など、産業を奨励したほか貨幣政策にも取り組み、寛永七年（一六三〇）には全国初の藩札を発行し、藩内における経済を発展させた。

## 放浪時代の経験

三河時代からの水野家譜代で馬廻《うままわ》り役だった千種重秀《ちくさしげひで》が書き遺した『宗休様《そうきゅうさま》御出語《ごしゅつご》』（「結城水野家文書」所収）という記録がある。若い頃から勝成の近習《きんじゅ》★として仕えてきた中で聞き、あるいは見てきた勝成の名将としての言動を子孫のために記したものである。

それによると勝成は若い頃、気性が激しく豪勇で乱暴な事が多かったが、父忠重の跡を継いで刈谷へ戻ってからは、それがなくなり、備後国福山藩主となった時には仁政《じんせい》をもって臨んだという。名君として名を馳せた勝成の根底には十五年間の放浪生活の経験があり、特に人を大切にした。いざ戦になると家臣たちは身を挺して働くのであるから、平時においては大切にしなければならない、と常々言っていたといわれる。実際、勝成は家臣の統制に目付《めつけ》を置かず法度《はっと》を公布せず、

▼近習
主君の側に仕える役。

日常の勤務について誓詞《せいし》を取ることもなかった。この藩政について隣国岡山藩主池田光政《いけだみつまさ》は「良将多しといへ共、日向様仕置《しおき》★の様なる事を聞かず、凡《およ》そ近代の良将といふは日向守殿ならん」と評した。

また勝成の家臣に対する扱いに差別なく、すべて近習のように懇意に接したため、家来たちは皆、勝成公のためにいつでも命を投げ出したいと思っていたという。そして、水野家を退いた者や罪があって暇《いとま》★をやった家臣について決して奉公構などの仕置きをすることはなかった。

▼仕置
支配・統治。または処罰すること。

▼暇
職をやめる、またはやめさせること。

## 老体、なお衰えず戦へ

寛永十四年（一六三七）十月、島原・天草一揆が勃発した。大坂夏の陣の戦功から、勝成の配下にあった松倉重政は島原藩主となっていたが、重政、嫡男勝家《かついえ》と二代にわたって領民に過酷な重税を課し、厳しい取り立てを行った。キリシタンについては、入封《にゅうほう》当初黙認の立場を取っていたが、将軍家光《いえみつ》からキリシタン対策を指摘されると、それに従い残忍かつ徹底的な弾圧を開始した。この乱は、島原藩領の肥前《ひぜん》島原半島と、唐津藩領肥後天草諸島のキリシタンだけでなく、重税酷使に苦しむ領民そして旧有馬家、小西家、佐々家、加藤家などにかつて仕えて今では牢人になった者たちも加わっており、その規模は一気に拡大した。一揆勢は総勢三万七〇〇〇人ともいわれる。

一揆鎮圧の征討使として板倉重昌《いたくらしげまさ》（三河国深溝《ふこうず》藩主）の軍勢がまず派遣されたが、事態を重くみた幕府は、老中松平信綱《のぶつな》（武蔵《むさし》国忍《おし》藩主）を相次いで派遣、九州諸大名に出兵を命じた。原城に立て籠もる一揆勢の鎮圧に手こずる中で板倉重昌は戦死し、板倉の後任松平信綱は九州全域総勢一二万六〇〇〇人を動員したが、一揆勢の抵抗は相当なものがあり、原城を包囲しての兵糧攻めで長期戦となった。

厳しい状況に、寛永十五年、幕府は歴戦の猛者《もさ》である鬼日向水野勝成に出陣命令を下した。この時、勝成は七十五歳であった。嫡男勝俊《かつとし》、孫伊織《いおり》（のち勝貞）をも連れて総勢六〇〇〇騎余りで二月八日に鞆を出航したが、広島藩から出陣祝いの船が出るなどあり、勝成は歌を詠み、船上で「八島」の能を舞ったといわれる。

　武士《もののふ》の矢箆《やたけ》にかかる門出には矢種《やだね》つきせぬ軍《いくさ》勝つなり

島原へ着陣したのは同月二十三日で、翌日松平信綱陣へ諸将が集まり軍議が開かれた。ここで勝成は、これまでの兵糧攻めの作戦を支持した上で、もはや敵の兵糧・矢玉《やだま》は尽きている今こそ信綱の下知《げち》のもと、総攻撃をかけるべきであると叱咤した。二十八日に総攻撃と決まったが、一日早い二十七日、佐賀藩鍋島《なべしま》家の抜け駆けによって諸将も慌てて出陣し、攻撃が開始された。

水野家は諸将の一番後ろに陣を置いていたが、勝俊を先頭に鍋島勢を追い越して本丸へ突入し、甚大な被害を出しながらも一番乗りを果たした。

原城は落城し、一揆はようやく鎮圧された。これに動員された大名は九州全土一二藩に及んだが、九州以外から参陣したのは福山藩水野家のみであった。

## 禅と孝心

勝成は、福山城下に賢忠寺《けんちゅうじ》★を建立して父忠重の菩提を弔ったが、晩年には大徳寺《だいとくじ》内（京都市北区）に百五十六世江月宗玩《こうげつそうがん》禅師★を開祖として瑞源院《ずいげんいん》★を建立し、父母と弟忠胤《ただたね》の記念墓を建てている。その孝心は、京都で江月宗玩禅師について禅を学んだことが強く影響しているといわれる。

忠重の墓は、東福寺《とうふくじ》塔頭《たっちゅう》霊源院《れいげんいん》（京都市東山区）にもある。これは本能寺の変後、京都にいた忠重主従が霊源院に匿われ事なきを得たことから、水野家が永代《えいたい》檀那《だんな》になったものである。

## 聰敏大明神

慶安四年（一六五一）三月十五日、勝成は八十八歳で逝去した。二代目勝俊は福山城天守に徳霊社をつくって祀り、四代目勝種《かつたね》が勝成明神として野上八幡宮、

▼賢忠寺
広島県福山市にある。曹洞宗の寺院で、水野忠重・勝成・三代勝貞・四代勝種・五代勝岑の墓所。二代勝俊は日蓮宗に帰依し、妙政寺（福山市北吉備町）に墓所がある。

▼江月宗玩禅師
一五七四〜一六四三。臨済宗の僧。津田宗及の子。大徳寺の復興に尽力し茶道を極め、後水尾天皇・豊臣秀吉・織田信雄・黒田長政・徳川家光など多くの公家や武家の帰依を受けた。

▼瑞源院
水野家代々の菩提寺として長く弔われてきたが、明治の廃仏毀釈によって廃寺となり墓石は龍光院へ、勝成の功績を記した「寿碑」は福山城へ移された。

延広八幡宮に祀った（現在の福山八幡宮）。そして八代目勝庸《かつのぶ》（下総国結城藩）が、明和元年（一七六四）に京都神祇管領吉田家に願い出て「聴敏《そうびん》明神」の号をうけ、聴敏神社★を建立した。「聴敏」とは、勝成が大徳寺で禅修行を行った際、江雪宗《こうせつそう》立《りゅう》和尚★がその人柄を「聴明俊敏《そうめいしゅんびん》」と評した言葉から取られたものである。

勝成の後、水野家は福山藩において勝俊・勝貞《かつさだ》・勝種と続くが、勝種の急死によって、生後まもなく跡を継いだ勝岑《かつみね》が、元禄十一年（一六九八）、僅か二歳で亡くなったことで水野家は改易となった。しかし徳川家康と繋がる家柄でもあり、先祖代々の功績も大きいことから家名存続が許され、勝成の曽孫勝長《かつなが》が後を継いだ。能登《のと》国西谷《にしやち》藩を経て下総国結城藩へ転封して明治維新を迎え、現在の当主は勝成から二十代目になる。

水野勝成墓所
（賢忠寺／広島県福山市）

▼聴敏神社
福山八幡宮（福山市北吉津町）境内にある。文化十三年（一八一六）、分霊勧請され結城藩にも同社が建立された。

▼江雪宗立
一五九五～一六六六。臨済宗の僧で、大徳寺一八一世。沢庵宗彭（たくあんそうほう）に師事し、江月宗玩の法嗣（ほっす）となった。

結城聴敏神社（茨城県結城市）

## ⑤ 勝成を巡る人々

大名家の長男であり家康の従兄弟という立場でありながら、若年時に家を飛び出した勝成。放浪中に知り得た人々は、のち、大きな力となった。有名なかぶき者水野十郎左衛門は、勝成の血を引く人物として興味深い。

### 加藤清正と勝成の妹

水野忠重の娘で勝成の妹かな姫（清浄院《せいじょう》）についても触れておきたい。

家康の従妹にあたるかな姫は、家康の養女となり、慶長四年（一五九九）、十八歳で加藤清正（肥後熊本領）へ嫁いだ。翌年、家康の上杉征伐の隙をついて、豊臣方の石田三成らが諸国の大名を味方につけるために大坂屋敷にいる妻子を人質にする策を実行した。多くの大名の妻子は大坂城内へ取り込まれ、あるいは豊臣方の大名へ預けられたが、中には細川忠興《ただおき》の妻ガラシャのように死を選んだ女性もいた。清浄院は加藤家の大坂屋敷へ留め置かれ、厳しい監視下に置かれた。加藤清正は、家康の血縁者である妻を助け出すために家臣を派遣した。

家臣に助けられ、身ひとつで大坂屋敷を脱出した清浄院は、大川から船に乗り込み、水樽の底に隠れて九州へ逃れた。豊前中津に上陸してからは徒歩で、黒田如水（孝高）の支援を受けながら半月余りかかって熊本へと帰りついた。これによって清正は東軍の立場を鮮明にし、関ヶ原の戦いで黒田如水とともに九州の西軍大名を相手に戦った。

清浄院はかなり聡明な人物だったようで、慶長十六年、清正が病で急逝すると、家臣たちをまとめ熊本藩二代藩主忠広《ただひろ》を支えた。寛永九年（一六三二）、加藤家が改易になると、城受け取りの役儀で熊本へ来た兄勝成に引き取られた。熊本を離れて福山で暫く過ごした後、京都で清正の菩提を弔いながら余生を送った。

清浄院の子八十姫《やそ》（瑤林院《ようりんいん》）は勝成の養女となり、元和三年（一六一七）、徳川頼宣のもとへ嫁いでいる。頼宣は当時駿河・遠江二カ国五十万石を有する駿府藩主であったが、二年後の元和五年に紀州藩五十五万石へ転封した。紀伊徳川家の祖である。

## 宮本武蔵と勝成

兵道鏡《へいどうきょう》円明流《えんめいりゅう》・二天一流《にてんいちりゅう》兵法の開祖で、吉岡一門との戦いや巌流島《がんりゅうじま》の戦いで知られる剣豪宮本武蔵《みやもとむさし》は、慶長年間（一五九六〜一六一五）のあたりから水野勝成と昵懇《じっこん》だったようだ。

武蔵は天正十年（一五八二）、播磨《はりま》国で生まれた（一五八四年の美作《みまさか》生誕説もあり）。美作国の兵法家新免無二之助《しんめんむにのすけ》の養子に入り、以後、兵法家・剣豪としての道を歩む。十三歳で新当流（始祖・塚原卜伝《つかはらぼくでん》）の有馬喜兵衛《ありまきへえ》と戦い勝利したのを皮切りに、生涯で六〇度以上の決闘を行いすべて勝利したとされる。

慶長五年（一六〇〇）の関ヶ原の戦いでは、黒田如水に従い九州で戦った。その後、吉岡一門との決闘や岩流小次郎と船島で戦った、いわゆる巌流島の決闘をしている。

勝成との関わりのきっかけや年は分からないが、関ヶ原の戦いの後、刈谷に赴き藩主勝成に剣術指南をしており、慶長十三年、円明流の免許「兵道鏡・奥伝《おくでん》」を授けている。

慶長二十年（一六一五）、その縁からか、大坂の陣で勝成の客将として参戦し、小松山・道明寺合戦で活躍した。『小場家文書　大坂御人数付』によると、十七歳の勝俊の護衛役を務めていたようだ。大坂の陣ののち、水野家家臣中川志摩之《なかがわしまの》助《すけ》の子を養子にしている。これが宮本三木之助で、武蔵とともに姫路藩本多忠刻《ほんだただとき》に迎えられ、三木之助は忠刻に仕官した。

剣豪のイメージの強い武蔵だが町割や造園技術にも優れ、播磨国明石《あかし》藩主小笠原忠真《ただざね》（のち豊前国小倉《こくら》藩主）や肥後国熊本藩主細川忠利《ただとし》に招かれ、その才能を発揮している。

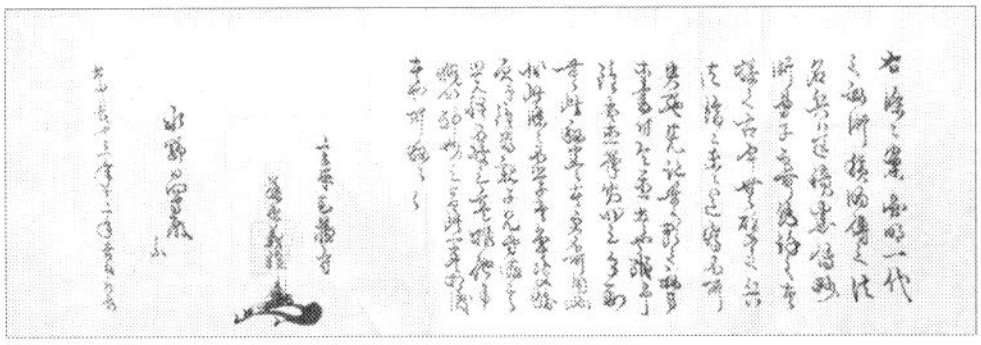

宮本武蔵から勝成へ授けられた「兵道鏡奥伝」の奥書
（小田原市立図書館蔵・藤森武氏提供）

寛永十四年（一六三七）の島原・天草一揆の際には、小倉藩主小笠原忠真の軍に養子伊織（総軍奉行）とともに出陣した。

勝成も出陣したことは先述した通りであるが、この時、「物の用には立つべからず」と勝成を過去の人物とみて陰口をいう諸侯に、武蔵が「凡慮《ぼんりょ》★の及ばざる大将なり。各評判の及ぶ處《ところ》にあらず」と言い放ったというエピソードがある。

## 二代目藩主水野忠清

元和元年（一六一五）七月の水野勝成の郡山藩転封に代わって、弟水野忠清《ただきよ》が、翌年四月に上野国《こうずけ》小幡《おばた》藩（一万石）から、刈谷藩（二万石）へ入封した。この間の八カ月間、刈谷藩は藩主不在の幕府直轄地となった。

忠清は水野忠重の四男で、天正十年（一五八二）、刈谷で生まれた。彼もまた父や兄同様、気性の激しい人物であったようだ。十九歳の時、関ヶ原の戦いで徳川家康の旗下《きか》に属して戦場に出ている。慶長七年（一六〇二）、二十一歳で徳川秀忠の御家人《ごけにん》となり、従五位下隼人正《はやとのしょう》に叙任された。江戸城書院番★という新たな職が設けられた時、青山忠俊《あおやまただとし》・内藤清次《ないとうきよつぐ》・松平定綱とともに番頭《ばんがしら》に就任し、さらに奏者番★を兼ねるなどの経歴をもつ。

大坂夏の陣では阿倍野《あべの》（大阪市阿倍野区）に出陣し、青山忠俊・高木正成《たかぎまさなり》の隊と

**▼凡慮**
凡人の考え。

水野分家家紋
（立ち沢瀉）

**▼書院番**
城内警衛・将軍の給仕・将軍出行時の警備・市中巡回・駿府城在番などが主な仕事。番頭、組頭の下に組衆五〇人、与力一〇騎、同心二〇人がおかれた。

**▼奏者番**
年始などの行事で大名や旗本が将軍に謁見する際、姓名や進物の披露を執り行う。また将軍からの下賜物を取り次ぐ。譜代大名から選ばれ、老中などへの出世コースになっていた。

先を争って敵と戦った。しかし論功行賞の際、徳川秀忠の前で忠清と忠俊が軍功について論争になり、互いに言葉が過ぎたために両者とも閉門★を言いつけられる事態を引き起こしている。

翌年、駿府城で病床にあった家康が四月三日、忠清を呼び、刈谷藩二万石を与えることを言い渡した。水野家は先祖代々勲功があったこと、特に忠重（忠清の父）の功が最も多かったこと、忠清は若年でありながら大坂の陣の戦功があったことによるもので、忠清は落涙して受けたという。家康は四月十七日に死去した。

ここに、兄勝成に代わって忠清が刈谷藩二代目藩主となり、三十五歳から五十一歳までの十六年間の藩政を執った。

のち三河国吉田藩へ、さらに信濃国松本藩へ転封し五年間務めたのち、正保四年（一六四七）、六十六歳で江戸で死去した。菩提は真珠院★と玄向寺★にある。

## かぶき者水野十郎左衛門

平穏な時代となり文治政治へと変わっていくと、かつての戦乱の世であれば戦に出て活躍した旗本たちが行き場を失い、かぶき者・旗本奴《はたもとやっこ》などへ変質してくる。

旗本奴は、派手な服装や異形《いぎょう》の風体《ふうてい》で徒党を組み、江戸市中で乱暴狼藉《ろうぜき》・喧嘩・刃傷《にんじょう》沙汰《ざた》を日常とし、平穏な社会で特異な存在として敬遠されつつも、男伊達《おとこだ》

▼閉門
屋敷の門を閉じて謹慎すること。

水野忠清の墓所
（真珠院／東京都文京区）

▼真珠院
東京都文京区小石川にある水野忠清を開祖とする浄土宗の寺院で松本藩・沼津藩の水野家歴代藩主の墓所。忠清の戒名は真珠院殿廓誉全忠大居士。

▼玄向寺
長野県松本市の浄土宗の寺院で松本藩主水野家の菩提寺。松本藩初代忠清から五代忠幹までの墓所があり、松本市特別史跡に指定されている。忠清の時代に作られた於大の木像が安置される。槍ヶ岳開山の播隆上人は、ここで修行し念仏の布教や槍ヶ岳開山に尽くした。明治十八年（一八八五）以後、歴代住職が牡丹を植樹し庭園が整備され、牡丹の寺として松本市特別名勝に指定される。

達《て》・傾奇者《かぶきもの》とも表されるように、義理人情に厚く信義のために命を投げ出す美学は人々の賞賛の的《まと》になることも少なくなかった。

かぶき者・旗本奴として名を轟《とどろ》かせたのが水野十郎左衛門成之《じゅうろうざえもんなりゆき》で、勝成の孫にあたる。父の成貞は勝成の三男で、三千石の知行で旗本として一家を興した。成貞も若い頃はかぶき者として名を馳せたが、成之は旗本奴「大小神祇組《だいしょうじんぎぐみ》」を組織しその首領として江戸で知らぬ者はなかった。旗本奴と町奴《まちやっこ》の争いで、明暦三年（一六五七）、屋敷を訪ねてきた町奴頭領の幡随院長兵衛《ばんずいいんちょうべえ》を殺害する事件を起こした。その後も無頼の振る舞いが多く、寛文四年（一六六四）、幕府の評定《ひょうじょう》所《しょ》に呼び出され、髪を結わず白衣《はくい》の着流しで出頭したところ、不敬の廉《かど》で切腹となった。辞世は「落とすなら地獄の釜を突ん抜いて阿呆羅刹《あほうらせつ》に損をさすべい」

こうしたかぶき者・旗本奴は、幕府の取り締まりが厳しさを増すにつれて姿を消したが、のち任侠《にんきょう》、侠客《きょうかく》となり、独特の風体や美意識は芸能「歌舞伎《かぶき》」へと繋がっていった。

水野十郎左衛門と幡随院長兵衛の事件は、旗本奴と町奴の対立という構図から江戸町人たちが大きな関心をもち、江戸町人の侠気・男気を示した幡随院長兵衛は大衆に持て囃され、歌舞伎の題材となった。『幡随長兵衛精進俎板《しょうじんまないた》』『極付《きわめつき》幡随長兵衛』など様々に脚色・上演されたほか、近年でも小説・テレビドラマや映画に数多く扱われ人気を博した。

松本藩水野家の墓
（玄向寺／長野県松本市）

# 刈谷藩主の変遷

| | 家名 | 藩主 | 受領名 | 禄高(石) | 在封期間 | 前封地 | 移封地 |
|---|---|---|---|---|---|---|---|
| 1 | 水野宗家 | 水野勝成《かつなり》 | 日向守 | 30,000 | 慶長5年～元和元年<br>(1600)　(1615) | − | 郡山藩 |
| 2 | 水野分家 | 水野忠清《ただきよ》 | 隼人正 | 20,000 | 元和2年～寛永9年<br>(1616)　(1632) | 小幡藩 | 吉田藩 |
| 3 | 深溝松平 | 松平忠房《ただふさ》 | 主殿頭 | 30,000 | 寛永9年～慶安2年<br>(1632)　(1649) | 吉田藩 | 福知山藩 |
| 4 | 久松松平 | 松平定政《さだまさ》 | 能登守 | 20,000 | 慶安2年～慶安4年<br>(1649)　(1651) | 長島領 | − |
| 5 | 稲垣 | 稲垣重綱《しげつな》 | 摂津守 | 23,000 | 慶安4年～貞享5年<br>(1651)　(1654) | 三条藩 | − |
| 6 | | 稲垣重昭《しげあき》 | 信濃守 | 20,000 | 貞享5年～元禄元年<br>(1654)　(1688) | − | − |
| 7 | | 稲垣重富《しげとみ》 | 和泉守・対馬守 | 20,000 | 元禄元年～元禄15年<br>(1688)　(1702) | − | 大多喜藩 |
| 8 | 阿部 | 阿部正春《まさはる》 | 伊予守 | 16,000 | 元禄15年～宝永6年<br>(1702)　(1709) | 大多喜藩 | − |
| 9 | | 阿部正鎮《まさたね》 | 因幡守 | 16,000 | 宝永6年～宝永7年<br>(1709)　(1710) | − | 佐貫藩 |
| 10 | 本多 | 本多忠良《ただよし》 | 中務大輔 | 50,000 | 宝永7年～正徳2年<br>(1710)　(1712) | 村上藩 | 古河藩 |
| 11 | 三浦 | 三浦明敬《あきひろ》 | 壱岐守 | 23,000 | 正徳2年～享保9年<br>(1712)　(1724) | 延岡藩 | − |
| 12 | | 三浦明喬《あきたか》 | 備後守 | 23,000 | 享保9年～享保11年<br>(1724)　(1726) | − | − |
| 13 | | 三浦義理《よしさと》 | 志摩守 | 23,000 | 享保11年～延享4年<br>(1726)　(1747) | − | 西尾藩 |
| 14 | 土井 | 土井利信《としのぶ》 | 伊予守・大隅守 | 23,000 | 延享4年～明和4年<br>(1747)　(1767) | 西尾藩 | − |
| 15 | | 土井利徳《としなり》 | 山城守 | 23,000 | 明和4年～天明7年<br>(1767)　(1787) | − | − |
| 16 | | 土井利制《としのり》 | 兵庫頭 | 23,000 | 天明7年～寛政6年<br>(1787)　(1794) | − | − |
| 17 | | 土井利謙《としかた》 | 伊予守・山城守 | 23,000 | 寛政6年～文化10年<br>(1794)　(1813) | − | − |
| 18 | | 土井利以《としもち》 | 淡路守 | 23,000 | 文化10年～文政12年<br>(1813)　(1829) | − | − |
| 19 | | 土井利行《としひら》 | 大隅守 | 23,000 | 文政12年～天保9年<br>(1830)　(1838) | − | − |
| 20 | | 土井利祐《としすけ》 | 山城守・淡路守 | 23,000 | 天保9年～弘化3年<br>(1838)　(1846) | − | − |
| 21 | | 土井利善《としよし》 | 大隅守 | 23,000 | 弘化3年～慶応2年<br>(1847)　(1866) | − | − |
| 22 | | 土井利教《としのり》 | 淡路守 | 23,000 | 慶応2年～明治4年<br>(1866)　(1871) | − | 廃藩へ |

これも刈谷

# 刈谷・知立の文化①

## 天下の奇祭　万燈《まんど》祭《まつり》

安永七年（一七七八）から二百三十年以上の歴史を誇る秋葉社《あきばしゃ》の祭礼で、町内安全と火難防除の祈願・感謝を込めて行われる。

万燈祭の新楽

竹と和紙で作られた武者人形型の「武者万燈」は高さ六メートル、重さ六〇キログラムにも及び、若者がひとりで担ぎ、笛と太鼓のお囃子に合わせて舞う勇壮さは「天下の奇祭」と呼ばれる。初日を「新楽《しんがく》」、二日目を「本楽《ほんがく》」といい、新楽では若者たちがそれぞれ万燈を担いで市内を練り歩き、また、本楽では秋葉社の境内で舞が奉納される。愛知県指定無形民俗文化財。開催日は毎年七月最終土曜日と翌日曜日。

**骨組み**

五月頃、各町内の万燈蔵《ぐら》で制作が始まる。それぞれ意趣を凝らした図面に基づいて竹で骨を組む。万燈の基礎となる重要な部分。

**彩色**

骨組みに和紙を張り、色紅などで細かく彩色をしていく。灯りを灯したとき、その迫力と美しさが一層演出される。

骨組み

彩色

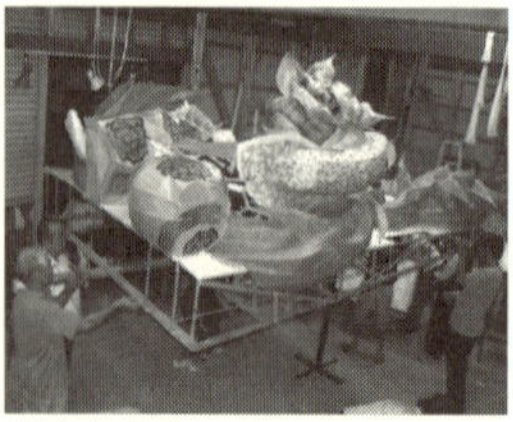
組み立て

**組み立て**

壊さないよう慎重に丁寧に細部に至るまで時間をかけて仕上げ。武者万燈以外に、女性が担ぐ中万燈や子供万燈も。

万燈は「天皇即位一〇年奉祝行事」（一九九九年）や大阪御堂筋パレード（二〇〇二、二〇〇三年）、愛知万博（二〇〇五年）や第二六回国民文化祭「民俗芸能の祭典」（二〇一一年）など全国のイベントに多数出演し、高い芸術性が注目を集めている。

# 第三章 前期の歴代藩主横顔

水野家から深溝松平、久松松平、稲垣、阿部、本多家と激しく替わる前半期。

1

# 深溝松平家

十八松平家のひとつで武勇の家柄を誇る深溝松平家。
武だけでなく、学問にも秀でた剛武好学の家風。
十四歳の若き当主六代忠房が刈谷へ入封する。

## 剛武好学の家風

深溝《ふこうず》松平家の歴史は、松平惣領家三代信光《のぶみつ》に遡る。戦国大名松平家の基礎を築いた人物で、信光の七男忠景《ただかげ》は三河国宝飯郡五井《ほいごい》を領する五井松平家となり、忠景の二男忠定《たださだ》が惣領家五代長親《ながちか》から深溝の地（額田郡幸田町）を与えられ、深溝松平家が誕生した。

この深溝松平家は二代好景《よしかげ》、三代伊忠《これただ》、四代家忠《いえただ》と、いずれも戦死という武勇の家柄である。家忠の妻は刈谷城主水野信元の弟忠分《ただわけ》の娘であり、五代忠利《ただとし》の妻は久松俊勝《ひさまつとしかつ》と於大の孫娘にあたり、水野家との繋がりも深い。

三代伊忠は戦場では常に先鋒隊に属し、天正三年（一五七五）の長篠《ながしの》の合戦で武田軍に突撃し、三十九歳で戦死している。学問、特に歌に優れた人物であった。

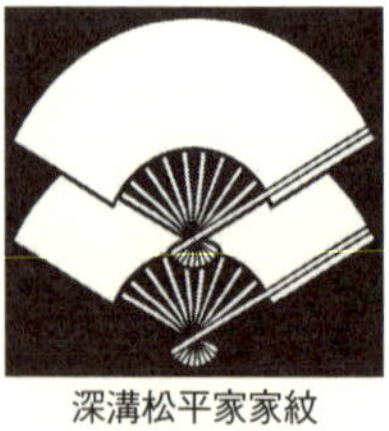

深溝松平家家紋
（重ね扇）

四代家忠は二十一歳で家督を継ぎ、長篠の合戦では父伊忠に従って戦い、その後も高天神城攻め、小牧・長久手の戦い、小田原《おだわら》合戦など数々の戦に参加して武功を挙げた。天正十八年の家康の関東移封に伴い武蔵国忍（埼玉県行田市）一万石の大名となり、その後、下総国上代《かしろ》（千葉県旭市）・小見川《おみがわ》（千葉県香取市）へ移封される。慶長五年（一六〇〇）、伏見城の戦いにおいて戦死した。

家忠もまた武だけでなく学問、風雅を好み、幸若舞《こうわかまい》を嗜み連歌《れんが》に秀でていた。家忠自筆の写本の数々はもとより、天正五年から文禄三年（一五九四）までの十八年間にわたって書き続けた日記は『家忠日記』として残され、同時代の家康や三河の動向を知る貴重な資料となっている。

二代から四代の忠烈な戦死のためか、五代忠利は、家康から戦の第一線への参加が認められず、専《もっぱ》ら後方に甘んじた。忠利もまた文武に秀で、父同様「忠利日

松平忠利画像
（本光寺蔵／幸田町教育委員会提供）

## 深溝松平家略系図

深溝松平家初代 忠定《たださだ》―好景《よしかげ》―伊忠《これただ》―家忠《いえただ》
水野忠政―忠分《ただわけ》―女

家忠＝女
―忠利《ただとし》―三代刈谷藩主 忠房《ただふさ》＝忠雄《ただお》

記」を書き遺している。関ヶ原の戦いの後、常陸《ひたち》国内へ加増移封されるところを断り、敢えて先祖の地へ戻ることを願い出、許されて三河国深溝藩一万石の藩主となった。のち慶長十七年（一六一二）、三河国吉田藩三万石へ転封した。

## 三代目藩主松平忠房と領内統治

深溝松平家は代々勇猛果敢なだけでなく、学問を好む篤学の家柄であった。忠利の長男忠房《ただふさ》もまた学問、文学に秀で、書物の収集にも熱心であった。忠房は元和五年（一六一九）、吉田で生まれている。戦乱の時代は終わり、元和二年に家康が没して徳川秀忠が将軍として実権を振るい出した頃である。福島正則《ふくしままさのり》など有力大名が多く改易されたばかりでなく、親藩・譜代大名であっても改易・転封が頻《ひん》繁《ぱん》に行われ、統制強化は大名だけでなく朝廷にまで及んだ。尾張・紀伊・水戸《みと》の御三家《ごさんけ》の成立、鎖国政策の手始めとして外国船の寄港が平戸《ひらど》・長崎に限定されるなど、江戸幕府の基礎は秀忠によって確立されていく。

元和九年、徳川家光が将軍宣下《せんげ》を受けるため秀忠とともに上洛し、その途上、吉田城へ立ち寄った。拝謁《はいえつ》した忠房はこの時五歳で、両者から馬を賜っている。寛永三年（一六二六）にも上洛があり、八歳の忠房は秀忠から脇差を、家光から刀を賜った。深溝松平家の幼い跡継ぎは、両者に可愛がられていたようだ。

忠房が父忠利50回忌に奉納した銅造冑形香炉（本光寺蔵・幸田町教育委員会提供）

寛永九年、父忠利が没したため十四歳で家督を継いだが、吉田は東海道筋の重要な地であったことから、吉田を治めるには若年であるとして、水野忠清と入れ替わりで刈谷藩三万石へ入封した。

忠房に下された三万石の領地は、碧海郡二万二千三百石、加茂郡二千六百石、額田郡三千七百石、宝飯郡一千百石になる。

刈谷へ移封が決まってから約一カ月後、忠房はまず重臣二人を派遣して、領内へ法令を布告させている。

一、書状を持った役人が来て命じたことには従うこと
一、自分の領地でも許可なく竹木を伐ってはならない
一、年貢を納めないうちは、他国へ輸出してはならない
一、村から訴え出ることがあれば、真実を述べること
一、山林の樹木は許可なく伐ってはならない
一、銃で獣を捕る者がいれば調べて報告すること
一、牢人を宿へ留めてはならない
一、逃散する村人がいれば庄屋がもとの村へ連れ戻し、村へ入りたいという他国の者がいれば、村で協力して住まわせること
一、貧しい者が他国で働いていれば庄屋や村長で、村で生活が成り立つよう計らうこと

一、秋には速やかに収穫を終えて年貢を納め、翌年の準備をすること
一、訴訟があれば、庄屋、村長から申し来て、村人は群れ集まってはならない

忠房は、領地入りした翌年の寛永十年（一六三三）から領内の総検地を行った。これは刈谷藩で初めて行われた総検地であったが、滞《とどこお》りなく進められたようだ。これらの布告や検地、あるいは新田開発などの藩政は、幼い藩主を補佐し教育をした大老職の板倉利伊《としただ》★と松平広次《ひろつぐ》★を中心に進められた。

## 敬神崇祖の精神

寛永十年、十五歳の年、正室《せいしつ》に佐賀藩主鍋島勝茂《かつしげ》の娘長《なが》を迎えている。和歌や音楽といった文化・芸術に優れただけでなく、武技にも長《た》けた人で、物静かながら藩政に意見する才女であった。

両大老の補佐もあり十四歳から三十一歳までの十七年間、刈谷の地を治めてきた忠房は、『地域史深溝』によると「敬神崇祖《けいしんすうそ》と信賞必罰の励行《れいこう》をし、領民に慕われた城主」であったという。

一方で幕府の御用も多くあった。寛永十一年の家光上洛の時は行列に供奉《ぐぶ》し、東海道池鯉鮒宿で将軍饗応の重責を務めた。同十二年には将軍家光が板橋《いたばし》で催し

▼**板倉利伊**
父板倉忠重は、家康に仕え数々の戦で手柄を立てた武将。特に天正九年（一五八一）の高天神城攻めにおいて一番槍の功名を挙げ、小牧・長久手の戦いでは家康から甲斐正則の脇差を賜った。しかしその後、俄に隠居し利伊が跡を継ぎ、松平忠利・忠房に仕え、忠房の代で千七百石の家禄を受けた。なお、忠重の弟は板倉勝重で、のちに京都所司代として名を馳せた。

▼**松平広次**
深溝松平初代忠定の孫定広の代に宗家の家臣に入った。定広の長男は四代家忠に殉じて伏見城で亡くなったため二男広次が家督を継ぎ松平忠利・忠房の千石取りの大老として仕えた。広次の曾孫忠俔はのちに宗家の養子になり、島原藩主となっている。

▼**大坂在番**
大坂城の警衛にあたる職で、定番・大番・加番・目付があり、定番・加番は小大名、大番・目付は旗本が交代で務めた。

た狩りに供奉し、さらに同十三年、同十八年と、それぞれ一年ずつ大坂在番★を命じられている。慶安元年（一六四八）には松平広忠百周忌が大樹寺で営まれ、法《ほう》会《え》勤番を務めた。

ある時、家光の狩りの最中に一頭の鹿が勢子《せこ》の囲みを突き破って将軍の前近くへ走り出るという事態が起きた。諸侯が皆怯《ひる》む中、十七歳の忠房が進み出て槍でもって鹿を突き伏せ、家光にその武勇を賞賛され鹿を下賜されたとの話がある。これにより「三河刈谷に忠房あり」との評判が広がったという。

慶安二年（一六四九）、丹波《たんば》国福知山《ふくちやま》藩（京都府福知山市）へ転封になり二十年間務めたのち、寛文九年（一六六九）、肥前国島原藩（長崎県島原市）へ転封された。

忠房は元禄十三年（一七〇〇）、八十二歳で死去した。菩提寺は本光寺《ほんこうじ》（額田郡幸田町）である。廟所は寺内西と東の二カ所に存在し、初代忠定から十八代忠和までが眠る。

「深溝本光寺は墳墓の地なり」といわれるように、ここは深溝松平家祖先発祥の地であり、初代忠定によって開基されて以後、歴代当主は死没地に関わりなく遺骸は必ず深溝へ戻り埋葬されている。

戦乱の世が終わっても忠房は武芸に熱心で、かつ好学の藩主であった。万治三年（一六六〇）、本光寺境内に、初代忠定から五代忠利までの事跡を記した「祖宗紀功碑」（亀趺碑《きふひ》）を建立した。学問の師林春斎《はやししゅんさい》★に依頼して作らせた碑文には

右が松平忠房、真ん中が長（永春院）の墓所
（本光寺／額田郡幸田町）

▼林春斎
一六一八〜一六八〇。林羅山の三男で儒者。春斎または鵞峰（がほう）と号す。父の死後、林家（りんけ）を継ぎ幕府に仕えた。全国を行脚して著した『日本国事跡考』で、松島・天橋立・宮島を「三処奇観」と記したことから「日本三景」が周知された。平成十八年（二〇〇六）、日本三景観光連絡協議会が、春斎の誕生日七月二十一日を「日本三景の日」に制定している。

自身の事柄として「同年（寛永九年）八月吉田を改めて同州刈屋城に移封す。その年十二月従五位下に叙す。奉仕して懈《おこた》らず。屡《しばしば》官事を勤め、武を講ずるの暇、倭漢の群書を蔵し、緗黄《しょうこう》★堆《たい》を作《な》す」と記されている。

深溝松平家の家風、すなわち忠烈剛武かつ風雅好学の精神が、刈谷・福知山・島原と転封していく中で、ひとつの文化を築いた。島原藩転封後、忠房はそれぞれの地で自身が収集した書物の数々を「尚舎《しょうしゃ》源《みなもと》忠房文庫」と名付けて設置した。これはその後も代々引き継がれ、書物の数は一万冊以上に及んでいる。廃藩置県後は松平家管理事務所に保管されたが、のち島原市へ寄贈され、現在も「肥前島原松平文庫」として幅広く活用されている。

▼緗黄
あさぎ色と黄色のことで、書物を表装する帙（ちつ）。「緗黄堆を作す」は、書物が高く積み上げられた様。

# ② 久松松平家

家康の異父兄弟にあたる久松松平家が、次に刈谷へ入封。

慶安四年（一六五一）、四代目藩主松平定政は、旗本・牢人救済を訴えて領地を返上し隠遁した。

三代将軍家光から四代家綱へと移る時代の中、幕府政治へ一石を投じた武士の決断。

## 於大の息子たち

水野忠政の娘於大が、のちの徳川家康となる竹千代を生んでから松平家を離縁されたのち、再嫁したのが阿久比城主久松俊勝である。俊勝との間に康元《やすもと》・康俊《やすとし》（勝俊）・定勝《さだかつ》をもうけ、家康の異父弟ということから松平姓を授けられ久松松平家を名乗った。四代目刈谷藩主松平定政《さだまさ》は、久松俊勝の孫にあたる。

桶狭間の戦いの後、家康の招聘《しょうへい》により俊勝一族は家臣に列し三河へ移った。織田信長と家康の間で清州同盟が結ばれると、元の居城である阿久比（知多郡阿久比町）は織田の支配地となり、俊勝の庶長子である信俊が阿久比城主として信長に仕えた。しかし信俊は水野信元と同じ運命を余儀なくされた。石山本願寺《いしやまほんがんじ》攻めの最中、突如として佐久間信盛の讒言によって信長から謀反の疑いをかけられ

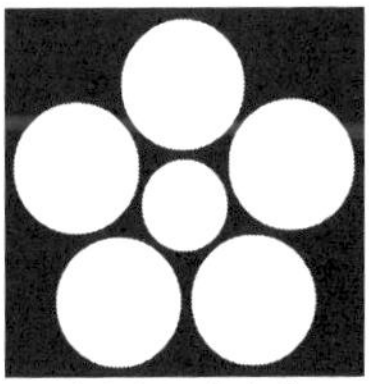

久松松平家家紋
（星梅鉢）

たのである。かつて久松家が一向宗を保護していたことを讒言されたともいわれているが、結果、信俊は大坂四天王寺《してんのうじ》で自害して果て、佐久間信盛は、城主不在の阿久比城を攻め落とし自らの勢力を拡大している。信俊の末子信平《のぶひら》は生き残り、その子信綱は俊勝の四男定勝に仕えた。

定勝は、若い頃から家康に従って数々の戦場に出、天正十二年（一五八四）の蟹江城攻略で戦功を立てている。

関ヶ原の戦いにおいては掛川城の守衛にあたり、翌慶長六年（一六〇一）、掛川藩主となり、同十二年、伏見城代に就き、大坂の陣では二男定行《さだゆき》とともに京の守りを固めるなど、異父兄家康のために尽くした。元和二年（一六一六）、伊勢桑名藩十一万石（三重県桑名市）を与えられ、のち長島城七千石（三重県桑名市長島町）を加えられたが、定行が家督を相続するにあたり、弟定政が長島領を分与されている。

## 四代目藩主松平定政、領地返上

松平定政は、慶長十五年（一六一〇）に定勝の六男として伏見城で誕生し、寛永十年（一六三三）、将軍家光の小姓《こしょう》となって以後、小姓組頭、近習を務めた。慶安二年（一六四九）に刈谷藩へ入封し、二万石を有した。しかし二年後の慶安四年、定政は幕府に乱心狂気と見做《みな》され、刈谷城と領地は没収の上、兄の伊予《いよ》国松山藩主松平定行の許へお預け処分となったのである。

事の興りは、慶安四年四月二十日の将軍家光の死去であった。家光の側で長年仕えてきた定政は深く歎き悲しみ、僅か十一歳の次の将軍家綱と側近たちの政治に危惧を抱いたといわれる。同年七月九日、定政は江戸屋敷で酒宴《しゅえん》を催した。招かれたのは家綱の外叔《がいしゅく》増山正利《ましやままさとし》、家光の書院番頭《しょいんばんがしら》を務めた中根正成《なかねまさなり》、大目付の宮城和甫《みやぎまさよし》、作事奉行《さくじぶぎょう》の牧野成常《まきのなりつね》、北町奉行の石谷貞清《いしがいさだきよ》、儒学者林羅山《らざん》の六名である。

### 久松松平家略系図

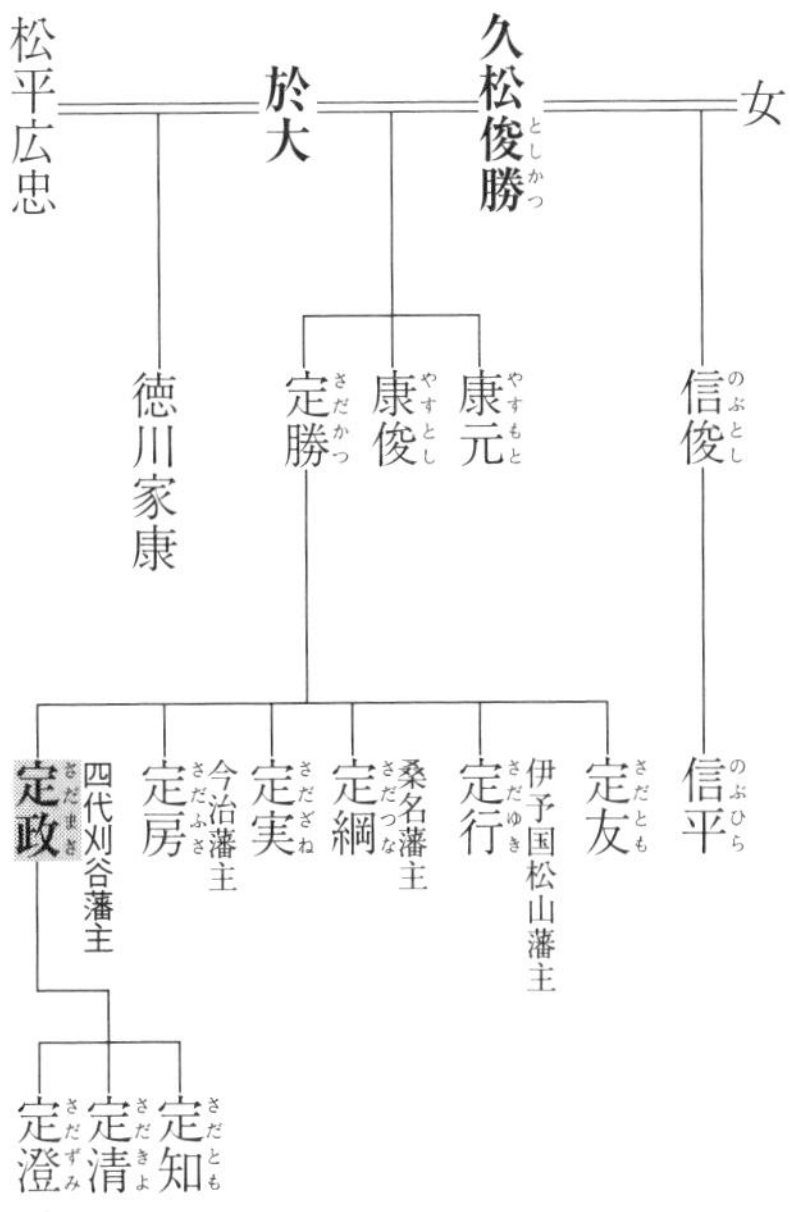

宴《うたげ》も終わりに近づいた頃、定政はこういったという。「自分は亡くなられた家光公に取り立てられ、その御恩は計り知れないものがある。殉死も考えたが時期を失《しっ》してしまった。されば、幼君家綱公に仕え忠節を尽くすべきとも思うが、現在の幕閣補佐の様子を見ると、遠からず世が乱れよう。ついては一書を認めたので老中井伊直孝《いいなおたか》・阿部忠秋《あべただあき》に渡してもらいたい」

書面は井伊直孝に届けられ、翌日、全老中立ち合いのもと披見された。その内容は『松山叢談』によると「当御代替より金銀米銭に御事欠けられ、下々御救い御慈悲も御座なく候」と、将軍に代わって老中が行う政治について批判し「領地拝領仕り候ても甲斐なく」と述べ、自分の二万石の知行を割って与えたなら、一万石ずつで二人、五千石ずつで四人、千石ずつで二〇人、五百石ずつで四〇人、百石ずつで二〇〇人、五十石ずつで四〇〇人、十石ずつで二〇〇〇人、五石ずつで四〇〇〇人が養えると細かく記し、そのために「刈谷城並びに御当地の家屋敷、その上数年の御蔭にて求め置き候武具、馬具、弓鉄砲槍並びに玉薬其の外色々諸道具に至るまで推参ながら差上げ申し度存じ奉り候」とあった。

刈谷の所領・城・兵具・雑具に至るまで悉《ことごと》く将軍家へ返還するので、それをもって困窮する旗本の救済にあててもらいたい、自分一人が減ることで万民を救えるなら侍の冥加《みょうが》であるとして、自分の名前に「家康甥四十二歳松平能登守定政」とし、宛名には「日本国之軍師　井伊掃部頭《かもんのかみ》殿、日本国之執権阿部豊後守殿」と

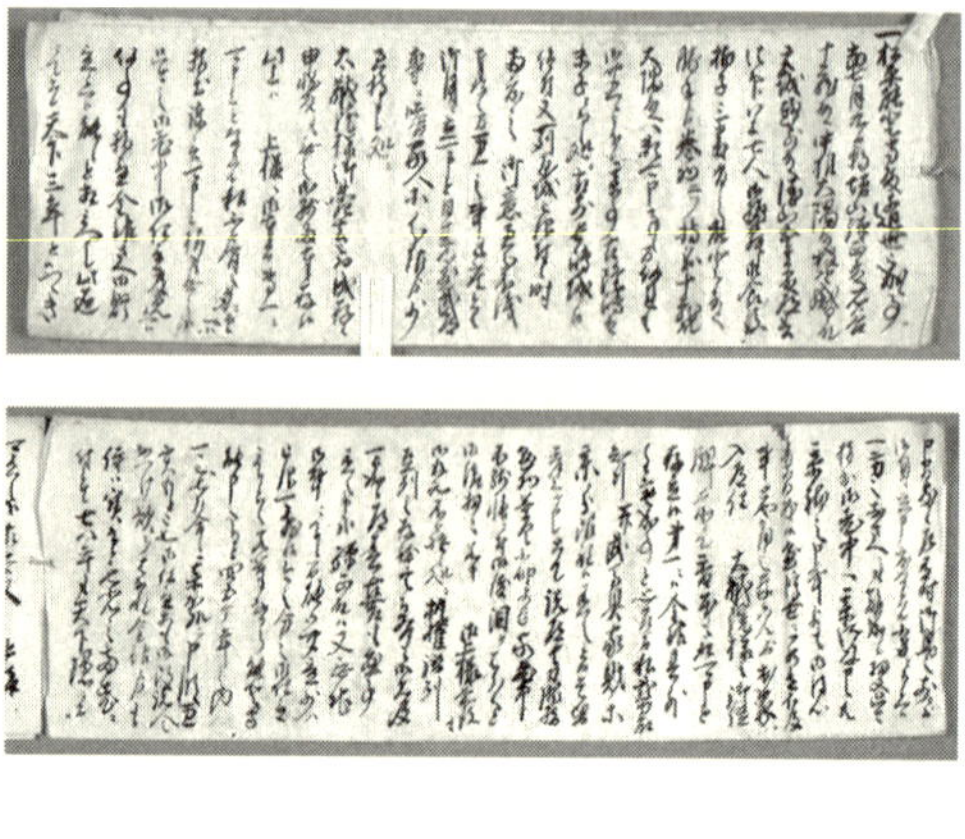

元村上藩家老で岸和田藩士堀主膳家の覚書に記録された松平定政から老中への奉書で、諸大名にとっても重大事件であったことをうかがわせる（新潟大学附属図書館蔵）

記していた。

書状を預けた翌日、定政は上野寛永寺で剃髪・出家し、能登入道不白《ふはく》と名乗った。不白とは「天下の政事《まつりごと》白からず」の意味を表しているという。定政はさらに井伊直孝らに宛てて同様の書状を出し、城その他の諸道具を早々にお受け取りなさるように、家臣たちの多くは刈谷城及び領地に差し置き、火の元など滞りないようにしていることを書いている。

また、次のようないくつかの歌が記されていた。

思ふより心から降る天か下
人はただみかけやみかけ玉の緒を磨かぬ時は迷ふものなり
むつかしと思ふ心はむつかしやむつかしなから生れこそすれ
よきにのみ願ふ心のはかなさよ返すかえすも身の程を知れ
世の中の人を鏡と思ひなは我身の心なをうしと思ふ

定政は長子定知《さだとも》と二人の家来を従えて墨染の衣の下に太刀を抱き、銅鉢を提《さ》げて「松平能登入道にもの給へ」と言いながら廻り歩いた。幕閣は驚き、この所業は狂気の致すところとして、刈谷藩領の没収と、兄の伊予国松山藩主松平定行の許へ蟄居《ちっきょ》処分を決定したのである。

これまで幕府の基盤を固めるため、武家諸法度《ぶけしょはっと》に違反する大名は親藩・譜代であっても容赦なく改易・減封処置が断行されてきた。家康から家光の時代まで改易された大名家は実に一九八家、千六百十二万石にのぼる。これにより全国的に失業牢人が溢れ、治安の悪化や幕府批判が噴出し、世情は不安定になっていた。元和以前の戦の世であれば再仕官や召し抱え等もあったが、平和になり秩序維持の時代となると、これらの牢人たちは幕府から秩序を乱す危険分子扱いをされ、牢人払い・武家奉公構・居住制限などの規制によって抑圧されていた。この慶安期には牢人のみならず旗本の生活も困窮を極め、幕府への不満が高まっていたのである。しかも四代将軍に就いた家綱は僅か十一歳で、それまでの将軍独裁から数名の側近老中たちの合議制へと政治が移った時期であった。

定政は、そういったことから世の中の乱れを憂い、自ら藩主の座を投げ出し幕府に旗本・牢人救済を求めたのであった。

## 由比正雪の乱

この一件から僅かののち、由比正雪《ゆいしょうせつ》の叛乱（慶安の変）が起きた。軍学者として名高い由比正雪は巷《ちまた》に溢れる牢人救済を掲げ、幕府転覆計画を立てた。それは江戸城の硝煙《しょうえん》蔵に火をかけて江戸市中を混乱に陥れ、将軍を奪い久能山《くのうざん》★へ走ること、老中以下の重職の登城を待ち構えて討ち取ること、京都二条城を乗っ取

▼久能山
静岡市にある、徳川家康が死後に埋葬された地。翌年、日光へ改葬されたが、その後久能山東照宮が造営され、駿府にあった遺金二百万両が一時移された。

ること、大坂を焼き討ちし大坂城に立て籠もること、久能山に納められた家康の遺金を奪うこと、駿府城を乗っ取りこれを本拠とし、将軍を擁立して天下に号令することであった。

この計画に加担した牢人の数は一五〇〇人とも五〇〇〇人ともいわれており、定かではない。しかし慶安四年（一六五一）七月二十三日、密告によって計画は露見し由比正雪ら首謀者は自害して果てた。

二十六日付の正雪の遺書は、前述の定政の一件にも触れ、幕府の対応を批判したもので、

「天下の制法無道にして上下困窮仕る事、心有る者誰か悲しまざらん哉。然るに松平能登守諫めを為し、遁世致すといへども、却て狂人と執り成し、忠義の志空しく罷り成り候事、是、天下の大なる歎き、上様の御為宜しからざる儀に存じ候」とあった。

事の重大さに幕閣は、ようやく武家諸法度の改定に取り組む。これまでは当主が危篤になって急に願い出た養子は認められず、家は改易処分となったが、末期《まつご》養子の禁を緩和し、五十歳未満の大名に末期養子を認めることになった。さらに各藩に牢人の雇い入れを奨励し、これまでの武力によって秩序維持を図る武断政治から、教化による文治政治へと移り変わっていったのである。家綱時代に改易になった大名家は二九家のみで、家光時代の半分以下になった。

## 幕府を揺るがした定政の気骨

二万石の刈谷藩主の座をなげうち幕府に意見した定政の一件について、伊予国松山藩士安井熙載《きさい》が著書『却睡草《めざめぐさ》』で「江戸などにてさまざま御評判申上げ、御狂気とも申し、或いは御短慮とも申せしよしなれとも、左様にはあるまし」とし、当時の世評に対して次のように書いている。

「むかし士は、一ッ心におもしろからず、いさましからずと思ふ事有る時は、むさと身をも国をも捨てるはこの時代常の事なり。然るに、その時勢を知らず、其の人の心中を察せず其の実境を踏まずして、妄りに人を論ずるは愚の至りなり。これらを人情時勢を知らざるものといふ」

かつて戦国の世であれば、武士たるもの、好ましくないことや勇ましくないと思った時は、自分の身や所領を捨てても己の道を全うするのは、当たり前であった。その本質を理解せずに妄《みだ》りに人の事を論ずるのは愚かであり、人情、時勢を知らない者のすることである、と断じている。

定政は禄米二千石を給され、松山城の東部にある東野御殿《ひがしのごてん》の吟松庵《ぎんしょうあん》に幽居した。東野御殿は藩主定行の隠居所として建てられたもので、敷地内には東海道五十三次の風景や幾つものお茶屋がつくられ、煙草や飴など様々な物が売られてい

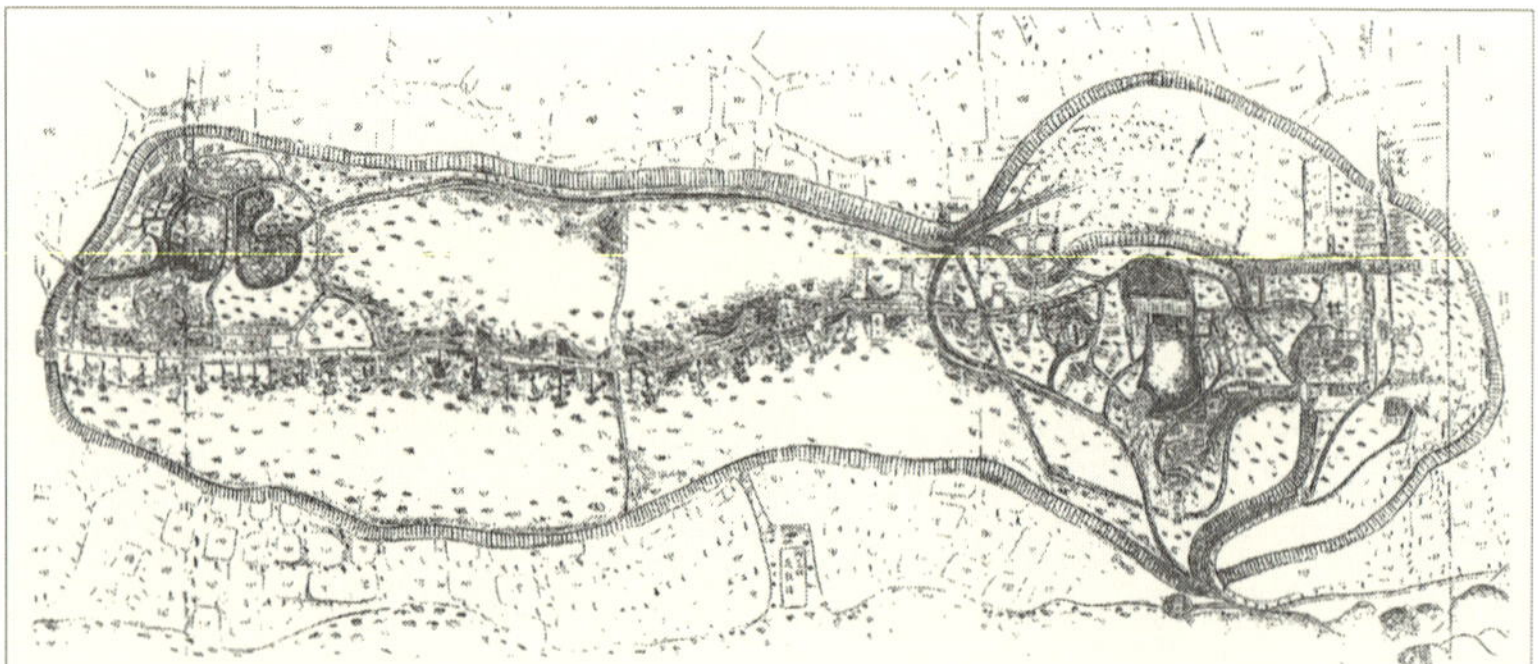

松平定行の隠居所東野御殿と定政が幽居した吟松庵の図（『松山市史第二巻』より転載）

た。これは定政の徒然を慰めるためでもあり、また定行が参勤交代時に見聞しながら身分上立ち寄ることが許されなかった店々を楽しむためであった。和歌や禅を嗜みながら静かな余生を送った定政は、寛文十二年（一六七二）十一月二十四日、この地で六十三歳の生涯を終えた。

　定政の領地返上から九年後の万治三年（一六六〇）、同じように突如として幕府批判と自身の領地返上、旗本救済の上書を幕閣に出し、無断で領地へ帰った大名がいる。下総国佐倉藩（十二万石）の堀田《ほった》正信《まさのぶ》である。正信の妻が定政の兄定行の娘であることから、定政の行動が大きな影響を与えたものと思われる。老中松平信綱らは、定政一件と同じく「狂気の沙汰」と断定し、佐倉藩を没収し正信の弟信濃国飯田《いいだ》藩主脇坂安政《わきさかやすまさ》のもとへお預けとした。正信はのち阿波《あわ》国徳島藩に預け替えをされ、厳重な監視下におかれていたが、延宝八年（一六八〇）五月、四代将軍家綱死去の知らせを聞き、鋏《はさみ》で喉を突き自害した。

東野御殿跡（愛媛県松山市）

松平定政の墓所（常信寺／愛媛県松山市）

# ③ 稲垣家三代

牧野家とともに「常在戦場」の気風を保ってきた稲垣家。
それは時代が変わっても失われることなく、領民主体の藩政に生かされた。
稲垣家は三代にわたり五十一年間、刈谷を治めた。

## 稲垣家の祖

稲垣家の祖は「稲垣氏世記」によると、天慶二年（九三九）、小田重長なる人物で、三河国の伊勢神宮所領を治め供祭物《ぐさいもつ》を貢進《こうしん》する御厨神戸司《みくりやかんべのつかさ》を務めており、神田《しんでん》を管理し斉垣《いがき》を結び稲を懸けたことが「稲垣」姓の初めとされる。

戦国時代にあっては、代々三河国牛久保《うしくぼ》城主牧野家の家臣であった。牧野家は牛久保城（豊川市牛久保町）を拠点とする国人で、牧野成定《なりさだ》は今川家へ従属し幾度か徳川方と戦っている。

成定の武将として数々の戦功を挙げたのが稲垣長茂《ながしげ》で、五代目刈谷藩主重綱の父である。長茂は身体長大で美しい髭《ひげ》をたくわえ、緋縅《ひおどし》の鎧を着用しており、戦場では常に敵味方の注目を集めたという。牧野家は今川家の勢力が弱まると、

稲垣家家紋
（稲垣茗荷）

永禄八年（一五六五）に徳川方へ味方し、それによって家康の東三河支配を確実なものにした。この時家康は牧野成定と対面すると「緋縅の鎧」を要求したという。成定が急ぎ鎧を用意して献上すると家康は笑って「左様な鎧ではない。長茂のことである」と、長茂を召し出した。トレードマークである髭に因んで「長髭《ながひげ》、長髭」と呼んで気に入っていたという。

成定が死去し、嫡男康成が僅か十二歳で牧野家の家督を継ぐと康成を支え、牧野家の家政を取り仕切り、家康の戦に従った。

慶長六年（一六〇一）、長茂は上野国伊勢崎《いせざき》一万石を与えられ大名に列した。牧野康成は上野国大胡《おおご》城主となっており、子の忠成の代になって越後国長岡《ながおか》藩へ加増転封し、以後代々長岡藩主として続いた。

稲垣長茂の嫡男重綱は家督を継いで伊勢崎藩二代目の藩主となったが、長茂の弟成心と、長茂の二男則茂《のりしげ》はそれぞれ稲垣太郎左衛門家、稲垣平助家を興して牧野家を支え、長岡藩の家老として幕末まで続いた。明治三十一年（一八九八）に渡米し日本人初のコロンビア大学講師を務め、アメリカで出版した著書『*A Daughter of the Samurai*（武士の娘）』で有名な杉本鉞子《えつこ》（明治五年★〈一八七二〉～昭和二十五年〈一九五〇〉）は、この則茂系の長岡藩筆頭家老、稲垣平助茂光《しげみつ》の六女である。

稲垣長茂画像
（天増寺蔵）

▼**明治五年**
新暦が採用され、明治五年十二月三日が明治六年（一八七三）一月一日とされた。

# 稲垣重綱の大和川治水

五代目刈谷藩主となる稲垣重綱《いながきしげつな》は父とともに関ヶ原の戦い、大坂の陣で活躍した。特に大坂の陣では首級《しゅきゅう》一九を挙げる戦功を立て、元和二年（一六一六）に越後国藤井藩（二万石）へ、その四年後に越後国三条藩（二万三千石）へ加増転封となった。元和九年から大坂定番★を務め、のち従五位下摂津守《せっつのかみ》に任ぜられている。慶安元年には、阿部正次《まさつぐ》の跡を受けて大坂城代★を一年間務めた。

大坂城玉造《たまつくり》口定番《じょうばん》の役により大坂城に常駐していた重綱には、寛永八年（一六三一）から慶安四年までの二十年間、役扶持《やくぶち》として河内国安宿部《あすかべ》郡国分《こくぶ》村（大阪府柏原市国分）等一万石を拝領していた。国分村は、大和川が大きく湾曲し背後には山嶺《さんれい》が迫り、河川が増水すれば河床《かわどこ》と化してしまう狭隘《きょうあい》な湿地帯であった。

重綱は庄屋東野伊右衛門らの陳情により、

国分村周辺絵図（個人蔵）

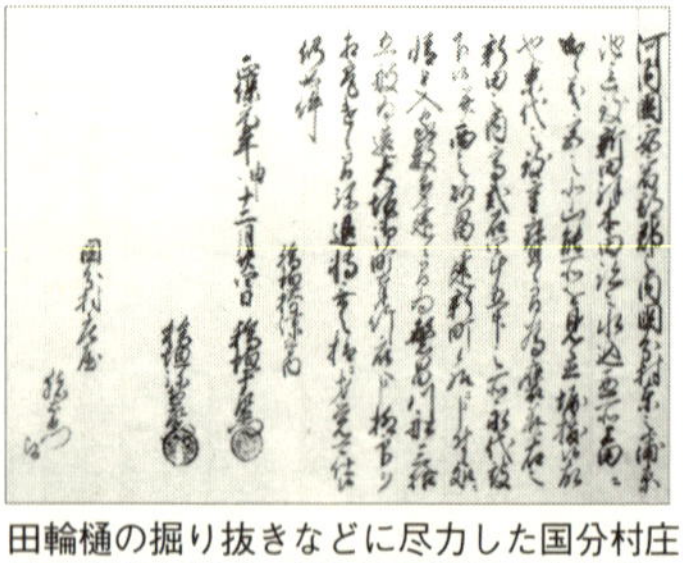

田輪樋の掘り抜きなどに尽力した国分村庄屋東野伊右衛門へ重綱家臣稲垣十左衛門・弥惣左衛門から下された書状で、新田を与えることや国分船の差配を任せることなどが記される。（柏原市立歴史資料館蔵）

▼大坂定番
大坂城を警衛する職。京橋口定番・玉造口定番の二名で、初任は元和九年（一六二三）の高木正次、稲垣重綱。京橋口定番は京橋口内外、北の外郭筋鉄門の警衛にあたり、玉造口定番は玉造口内外と東仕切の警衛にあたった。一〜二万石の小大名から選任され定まった期間はない。

▼大坂城代
大坂城中にあって大坂在勤の諸役人を統括するほか、大坂城守護や西国諸大名の動静を監察する。大坂城代を務める事は、京都所司代、老中へと進む出世コースであった。

大和川の治水工事を行っている。時期ははっきりしないが、正保元年（一六四四）には完成をみていることから、寛永年間後半から正保元年までのことらしい。

まず、村の東側の湿地帯の河水《かすい》や土砂を取り除いて長さ二二〇メートルもの「田輪樋《たのわひ》」と呼ばれる隧道《すいどう》を掘り、悪水《あくすい》を抜き、川から村を守る堤防「東堤」を築いた。さらに村の西側湿地帯の北部分にも「伏越樋《ふせこしのひ》」を掘り、「西堤」（新町裏堤、風戸堤とも）と呼ばれる堤防を築いた。これにより東側湿地帯は耕作地に、西側湿地帯は町家域《まちやいき》「新町★」として生まれ変わった。

また、重綱は堤防に船着き場を設け、浅い河床でも運航出来る「国分船★」三五艘を建造し、大坂・国分間を運航させている。国分村は大和国から大坂へ続く船運と、陸路奈良街道が通ったことで宿場町として大きな発展を遂げた。

田輪樋は、昭和二十五年（一九五〇）のジェーン台風で壊れ、以後は新しい管が敷設されたが、実に約三百年間にわたって機能し、柏原市内最古の公共下水道とされている。

国分村では、発展の基礎を築いた重綱の旧恩を忘れず、村の船持《ふなもち》仲間が集まって重綱百回忌の宝暦三年（一七五三）、土地に「小禹廟《しょううびょう》」と呼ばれる慰霊塔を建てた。「禹」とは古代中国夏《か》王朝の初代帝であり、黄河をはじめ様々な河川の治水事業を成功させた伝説の人物で、名君、治水神として崇《あが》められている。その禹王に因《ちな》み「小」を冠して重綱の業績を讃えた。

▼新町
現在の柏原市国分本町一丁目から四丁目。

▼国分船
大和川水系に就航した船のひとつ。剣先状に鋭くとがらせた船型から剣先船とも呼ばれ、浅い河川を航行するために平底で軽量簡素な構造が特徴。

「小禹廟」と称される稲垣重綱慰霊塔（大阪府柏原市）

近年では、平成二十三年（二〇一一）に河内音頭「稲垣摂津守重綱と国分村物語」が地元の人々によって制作、お披露目されている（八四頁）。

戦が終わって平和な世の中になっても幕府の御用や役目が多く、領地で藩政を執ることもままならなかった重綱であったが、それでも民事に心を寄せ、領民のためになることとなれば、必ず実行したという。

## 五代目藩主としての重綱

松平定政の一件で領地を没収した幕府は、岡崎藩主水野忠善《ただよし》を派遣して刈谷城の請け取りと在番を命じた上で、稲垣重綱の刈谷藩転封を決定した。水野忠善は、水野忠政の四男忠守《ただもり》の系統で、忠善一代で下総国山川藩から駿河国田中藩、三河国吉田藩・岡崎藩へと加増転封を重ねている。前の山川藩主が松平定政の兄定綱であり、刈谷は水野家ゆかりの地であることをみると、これ以上の騒擾《そうじょう》を招かないため、適した人物が派遣されたようだ。

病のために大坂城代の職を退いていた重綱は、すでに六十九歳であった。高齢でもあり病で公役《こうえき》を退いたとはいえ、刈谷藩でも細かな気配りをみせている。

「稲垣摂津守重綱言行録」では、領内を見分した際、池鯉鮒と刈谷の間の往還五〇丁（約五・五キロ）が松林の立ち並ぶ薄暗い道で、刈谷道は物騒との誹謗《ひぼう》がある

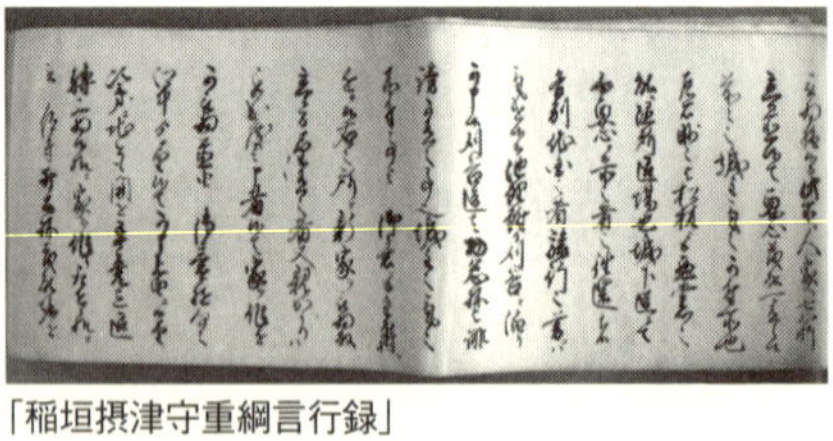

「稲垣摂津守重綱言行録」
（鳥羽市立図書館蔵）

ことを気にしたことが記されている。そこで家を建てさせ井戸を掘り、往還を行く者の安全を図り、八軒の家が建ったことからこの地は「八軒屋」と呼ばれ、池鯉鮒への往来が安全になった。

「稲垣氏世紀」によると、刈谷へ移封後は幕府の役や御用もなく、初めて封域《ほういき》に力を注ぐことが出来たとし、倹約を奨励し奢《おご》りを抑え民を憐れみ郡吏《ぐんり》を監督し、文教を広め武備を整えたという。これによって「食足り兵足り、府庫《ふこ》★充実し大いに藩屏の体面を具《そな》ふ」ことになった。

稲垣家は、古来より曹洞宗圓福山妙厳寺《そうとうしゅうえんぷくざんみょうげんじ》★の信仰が厚く、先祖代々の菩提寺でもあった。

元和元年（一六一五）、重綱が母の菩提を弔うために妙厳寺第十一世節山義春大和尚を拝請《はいしょう》し、大坂城の南にある真田山に齢延寺《れいえんじ》を創建した。その後、大坂定番任期中の寛永九年（一六三二）、自身の大坂屋敷（大阪市天王寺区生玉町）を寺に寄付し移転させている。刈谷では正保元年（一六四四）、城の北に天英山光岳寺《こうがくじ》を創建した。光岳寺は、稲垣家が鳥羽藩へ転封した際に鳥羽市へ移転し、歴代の位牌・霊廟がある。藩主は本家・分家ともに、伊勢崎藩時代に稲垣長茂が創建した天増寺（群馬県伊勢崎市）に葬られることを常としており、刈谷へ赴任して三年後の承応三年（一六五四）、重綱は七十二歳で江戸にて死去し同寺に埋葬された。

▼府庫
財貨や文書などを納める蔵。

▼妙厳寺
愛知県豊川市にある曹洞宗の寺院で、通称豊川稲荷。宋へ渡った寒巌禅師が吒枳尼眞天（だきにしんてん）の霊神を見、その像を刻み安置したことによる。今川義元・織田信長・豊臣秀吉・徳川家康などの武将も帰依した。

右から三番目が長茂、五番目が重綱の墓所（天増寺／群馬県伊勢崎市）

# 河内音頭★
## 稲垣摂津守重綱と国分村物語

原作　桝谷政則
作詞　福岡正彦
口演　初代国分家竹春

河内嵐山　絵のごとし
長尾街道　奈良街道　ヨホ
さて安宿《あすかべ》の国分には　松岳山《まつおかやま》や芝山の
頼山陽《らいさんよう》が讃えたる　ここは河内の嵐山
ガラは悪いが人情にゃ厚い
河内国分の心意気

稲垣摂津守重綱と国分村との物語　ヨホ
大和川をば中にして
河内国分が今あるは
どなたのお蔭か　ご存知か
聞いておくれよ　荷物にゃならぬ
歴史の紐をほどいてみれば
ご先祖さまの苦心談
聞けば聞くほど大感謝

頃は寛永八年の　三代将軍家光公　ヨホ
脂がのりし頃のこと
大坂城番　摂津守
姓は稲垣　名は重綱
常に心を民に寄せ　民の利益を第一に
政治《まつりごと》をば　行った
世にも稀なる名君と
河内国分のかかわりあいを
ちょっぴり語って参りましょ

さては皆様　おなじみの
大和川は亀の瀬あたり　ヨホ
遥か昔はダムのよう
滝となっては流れ落ち
大和・難波の水運を
阻んでいたのをご存知か
大和竜田《たつた》の片桐様
領地でとれたお米をば
大坂へ運べぬことの解決に
大きな岩を　取り除き
舟を通そと　したそうな
ところが万事　世の常で
あちらを立てれば　こちらが立たず
岩をとったそのために
土砂が下へと流れ出し
下流の川床浅くなり
国分村の東側
市場《いちば》・東条《ひがんじょう》　水浸し
今で申せば　土砂災害
汚水溜まって　田畑《でんばた》壊滅

当時の庄屋　誰あろう
東野伊右衛門　そのお方
摂津守に　直訴する

伊右衛門「恐れながら、お殿様。上流から流れ出た土砂で国分を流れる大和川、川床浅くなり、雨降るたびに水浸し、百姓どもが泣いとります」
摂津守「そうか、伊右衛門よ。国分はいいところじゃったな……。溜まった水をとりのぞき、昔の国分村のようによみがえらせることはできんのか？」

伊右衛門「へえ、そこでお願いがござります。これは一大工事でござります。村のため、命がけでやらせていただきますが、お殿様のお力添え、どうぞよろしくお願いいたします」

松岳山《まつおかやま》と芝山の　間の田輪《たのわ》なる土地に
岩を掘りぬき通したは
驚き桃の木　山椒の木
これぞ治水の苦心策
十年がかりの大工事
これが世に言う　田輪の樋
歴史に残る田輪樋よ
田輪樋あって　忽ちに
排水かない　すぐにまた
田畑再生　蘇る

ところが村の西側は
相も変わらぬ水たまり
北浦あたり　堤を築き
水出し樋をば　原川の
下に通して　水を抜き
ここに新たに町ができ
これを名付けて　新町と
呼んでその名は今なお残る
これぞ　今ある新町よ

さらにそのうえ考えた
伊右衛門呼んで命ずるに
大和川へ舟通せ
されど積もった土砂のため
川床浅く　水運は
並みの舟ではままならぬ
そこでみんなで知恵絞り
舟幅狭め　舟底平ら
舳先も尖った舟にした
これぞ世にいう　国分船
その甲斐あって水運が
盛んになって商売繁盛
国分栄えて万々歳

国分の村の礎《いしずえ》築く　礎築く大事業
私財投げうち成し遂げた
稲垣摂津守重綱の
亡きあと数えて百年目
国分船の船持衆
申し合わせてうちそろい
わしらの家が　今あるは
お殿さんのお蔭やと
うち建てたのが
御魂をまつる石の塔
これぞ小禹廟と申します
今も残って歴史の教え
語りついでくれてます

さては皆様　長い話のおつきあい
さぞやお疲れ　ありがとさん
摂津守と国分村の物語
これをもって謡い納めといたします

▼河内音頭
大阪府八尾市を中心に河内地域に広がる盆踊り歌で、物語を自由な楽曲にのせて聴かせる「語り歌」。

# 六代目藩主稲垣重昭

重綱の長男重昌《しげまさ》、二男茂門は先に死去しており、家督は重昌の長男重昭《しげあき》が継いだ。ここに十九歳の若き藩主が誕生する。家督相続の際、重綱の遺言により叔父茂門の長男昭友に三千石（安城村、野寺村、土橋村、大林村、南莇生《みなみあざぶ》村、東境村の一部）が分与され、昭友は寄合組★に列している。

治政の中で新田開発を進めて石高をあげ、叔父重氏もまた千五百石を分与され旗本に列した。

重昭は従五位下信濃守に任ぜられ、元禄元年（一六八八）に長男重富《しげとみ》に家督を譲って隠居するまで、三十四年間にわたって刈谷藩主を務めた。歴代藩主の中で最長である。

「稲垣氏世記」では、「重昭の藩を治むる偉迹《いせき》を見ずと雖も亦《ま》たその祖を忝《はずかし》めずと為す」とあり、重綱同様の藩政を執っていたことをうかがわせるが、大坂加番を四回、紅葉山火之番《もみじやまひのばん》★を四回務めるなど、公務も多忙であった。

刈谷城の南方守護として宝玉山龍江寺《りゅうこうじ》★を再建し、歴代の菩提寺となした。致仕《ちし》後は空山と号し龍江寺で剃髪・出家し、元禄十六年（一七〇三）に六十八歳で死去した。

▼寄合組
寄合ともいい、一万石未満三千石以上の幕府旗本で無役の者。

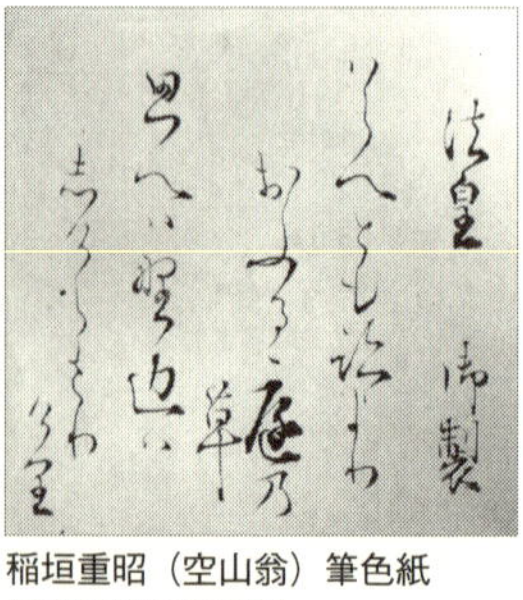
稲垣重昭（空山翁）筆色紙
（鳥羽市立図書館蔵）

▼紅葉山火之番
江戸城西の丸の東照宮がおかれている山を紅葉山といい、火之番は防災・警備を行う。毎年、家康の命日四月十七日には将軍が東照宮を参詣する「紅葉山御社参」が行われた。

▼龍江寺
刈谷市小垣江町にある曹洞宗の寺院。建久四年（一一九三）、行中綱八の開創。永禄三年（一五六〇）、三河へ侵攻してきた今川義元により寺僧が戮死せられ伽藍は焼失し無住の廃墟となった。稲垣重昭が堂守一八棟を再建したが、明治十四年（一八八一）の火災で規模は縮小された。

# 七代目藩主稲垣重富

次の藩主稲垣重富は、延宝元年（一六七三）の刈谷生まれである。天和三年（一六八三）、十一歳で将軍綱吉《つなよし》に謁見を果たし、従五位下和泉守《いずみのかみ》のち対馬守《つしまのかみ》に任ぜられている。元禄元年（一六八八）に家督を継ぎ、幕閣において小姓★、若年寄★を務めるエリートコースを歩んだ。若年寄に就任したのは元禄十二年で、二年後の元禄十四年三月、浅野内匠頭長矩《あさのたくみのかみながのり》による江戸城松の廊下刃傷《にんじょう》事件が起き、翌年には浅野家旧家臣たちによる吉良《きら》邸討ち入り（赤穂《あこう》事件）があった。ついで上《じょう》国《こく》巡視、元禄地震★、大和川疎通事業、久能山修理奉行、根津権現《ねづごんげん》創立総奉行など、数々の事件対処と公務に、重富は多忙を極めたようだ。特に上国巡視は、密旨《みっし》を受けて西国雄藩の動静を視察するものだったとされ、東海道から京都・大坂に入り、山陽道を経て九州に渡り長崎港に数日留まった上、小倉から船で兵庫港まで

## 稲垣家略系図

- 重賢《しげかた》
  - 重宗《しげむね》
    - 成心（稲垣太郎左衛門家）
    - 長茂《ながしげ》
      - 重綱《しげつな》（五代刈谷藩主）
        - 重昌《しげまさ》
          - 重昭《しげあき》（六代刈谷藩主）
            - 重富《しげとみ》（七代刈谷藩主）
              - 昭賢《あきかた》（烏山藩・鳥羽藩）
            - 昭倫《あきとも》
        - 茂門《しげかど》（早世）
          - 昭友《あきとも》
        - 重氏《しげうじ》
      - 則茂《のりしげ》（稲垣平助家）
      - 重大《しげとも》

▼小姓
小姓組とも。江戸城の中奥に詰め儀式の際の配膳や雑務を務める表小姓と、将軍に近侍してその雑務を行う奥小姓がある。

▼若年寄
江戸城勤番の番士や諸役人を統括する職で、老中に次ぐ重職。定員は三名から五名で、小禄の譜代大名が任命され月番で勤務した。

▼元禄地震
元禄十六年十一月二十二日午前二時頃に発生した地震。マグニチュード八、震源は房総半島南方沖。小田原・江戸・房総地域の被害が甚大で、房総大津波の死者は五〇〇〇人余り。半島の先端が約六メートルも隆起し、また沈降した。小田原の被害が特に大きく、家屋全壊八〇〇〇戸、死者二三〇〇人余。全体の被害総数は全壊家屋二万二千六百余、流出家屋六千二百余、死者八九〇〇人余にのぼった。

戻り陸路で東海道を下るという、半年にわたる行程であった。

　刈谷藩主は十四年間で、元禄十五年（一七〇二）九月七日、上総《かずさ》国大多喜《おおたき》藩（千葉県夷隅郡大多喜町）へ五千石加増で転封が決められた。しかし、大多喜藩は「領地狭小」だとして、別地への転封願いを出したところ聞き届けられ、同月二十八日、さらに五千石加増で下野《しもつけ》国烏山《からすやま》藩三万石（栃木県那須烏山市）へ移った。

　宝永六年（一七〇九）、将軍綱吉が没すると、まもなく病で若年寄を辞任した。翌年に箱根塔《はこねとう》の沢《さわ》へ温泉治療に出向いて数週間の療養をしたが、同年四月、三十八歳の若さで死去した。過酷な内容の若年寄の公務や、他家との付き合いなどが重富の寿命を縮めたとの見方もある。

　重富は、寛大かつ温厚な性格で人の意見をよく聞き、敏捷《びんしょう》で事務にも熟練しており諸侯との付き合いも上手く、民を救済することにも力を発揮したようで、当時、将軍綱吉のもと柳沢吉保《やなぎさわよしやす》が権勢《けんせい》を誇っていた幕閣をあてこすってか、勢いのある者について自らも権力を誇示するような輩《やから》とは一線を画していたという。

　稲垣家は次の昭賢《あきかた》の代になって志摩《しま》国鳥羽《とば》藩へ転封となり、鳥羽の地を八代にわたって治めた。

右が重昭、左が重富の墓所（天増寺／群馬県伊勢崎市）

# ④ 松平家古参の家柄

元禄・宝永年間、阿部家・本多家が相次いで刈谷を治める。
阿部家の祖は家康の近侍を務めた正勝で、本多家の祖は家康の功臣忠勝である。
しかし両家ともに短期間で阿部家は佐貫藩へ、本多家は古河藩へ転封となる。

## 阿部家の祖

十四年間務めた稲垣重富が、元禄十五年（一七〇二）に転封した後に入封してきたのは阿部正春《まさはる》である。阿部家は譜代で、正春の祖に阿部正勝がいる。家康が松平竹千代と名乗っていた幼少時代から近侍・遊び相手を務めていた人物で、幼名を徳千代《とくちよ》という。織田家・今川家での人質生活で竹千代と苦楽をともに成長し、成人してのちも常に片腕となって活躍した松平家古参の家臣である。

その正勝の子正次《まさつぐ》は、大坂の陣の際、大番組《おおばんぐみ》衆を率いて戦い、戦功を挙げた。幕府の関東支配及び日光社参《にっこうしゃさん》の重要拠点である武蔵国岩槻《いわつき》藩主（埼玉県さいたま市岩槻区）の傍ら、西国の要である大坂城代を二十二年間の長きにわたって務め上げた。武人そのものといった人物で、病で大坂城内に臥せっていた正次を、城中

阿部家家紋
（丸に左重ね違い鷹の羽）

で死すのは将軍家に対して穢《けが》れの憚《はばか》りがあるとして、二男重次《しげつぐ》が私邸へ引き取ろうとした時、正次は憤然として「凡《およ》そ城は勇士の墳墓なり。これを枕とし死するもの豈穢《あにけが》れを論ぜむや」と言ったと伝えられている。

　その言葉は将軍家へ伝えられ、すぐに正次の意思に任せるとの返事が下された。正次は、現職のまま大坂城内で死去した。

## 八代目藩主阿部正春

　正次の長男政澄《まさずみ》は早くに没したため、二男重次《しげつぐ》が婿養子先の三浦《みうら》家から戻って家督を継いだ。九万九千石の岩槻藩主で、将軍家光の小姓組頭、老中を務め、堀田正盛《まさもり》・阿部忠秋・松平信綱・三浦正次《まさつぐ》・太田資宗《すけむね》とともに「幕閣六人衆」と称された。家光の補佐役として常に重要な役割を務め、『藩翰譜』によると、慶安四年（一六五一）、家光死去の際に「ひとたび故将軍家へ参らせて候ふ命を、この後、誰《た》がために惜しみ候べき」と殉死している。

　重次が阿部家の世継ぎとなったことで、重次の二男正春が旗本三千石から三浦家へ入ったが、重次殉死後、家督は嫡男定高《さだたか》が継ぎ、正春（三浦利重）は上総国大多喜新田藩一万六千石を分与された。しかし万治二年（一六五九）、定高が二十五歳で病死し、しかも定高の長男はすでに亡く、二男正邦《まさくに》はまだ二歳だったため、二十三歳の正春が復姓して阿部家の家督を相続し、自身の領地と合わせて岩槻藩主（十一万五千石）となった。正邦が成長した時には、定高の遺領を正邦に返還するという定高臨終の約束があったとされる。

正春は幼少の頃から将軍家綱の小姓を務め、次の将軍綱吉にも仕えた。岩槻藩主時代に建造したものに「時の鐘★」がある。朝夕、城下の人々に時を知らせた鐘の音《ね》は当時、九里離れた江戸までも美しく響き渡っていたといわれる。

寛文十一年（一六七一）、十四歳になった正邦に家督を譲ると元の領地に戻り、大多喜藩主（一万六千石）となった。しかし甥正邦に家督を譲るまでに、家中で反正春派による御家騒動があったともいわれる。

全国諸大名の治政や人柄・評判を示す資料として『土芥寇讎記《どかいこうしゅうき》』があり、元禄三年（一六九〇）の編纂で記載された大名は二四三名にも及ぶ。調査目的や調

**阿部家略系図**

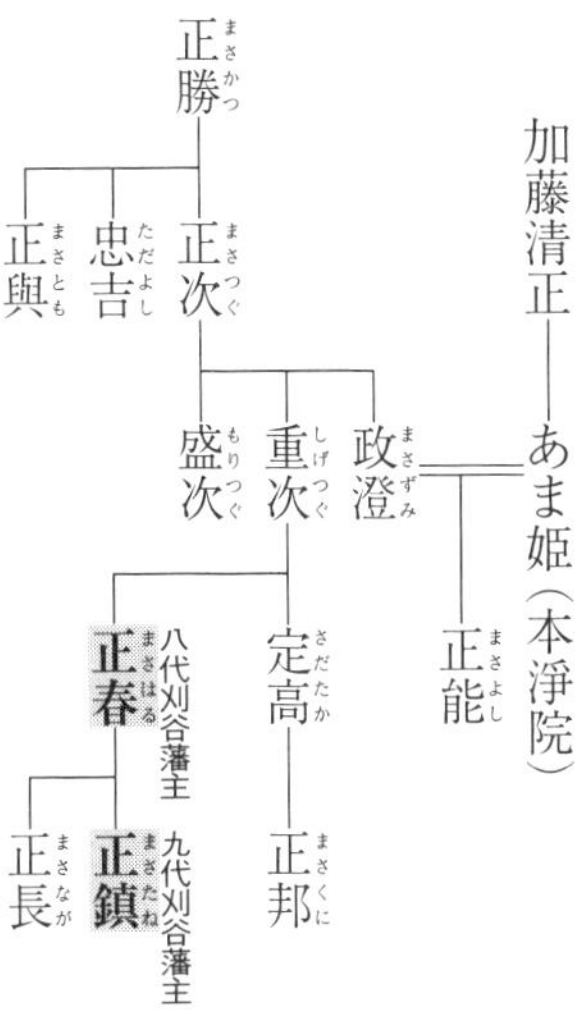

時の鐘
（さいたま観光国際協会提供）

▼時の鐘
岩槻市指定文化財となっており、今も一日三度（朝夕六時と正午）鐘の音を聞くことが出来る。

査担当者・編者が何者か分かっていないが、一説には制作は幕府隠密であるといわれている。その『土芥寇讎記』の正春評は、

「正森（正邦）既に成長すと云えども家督を譲らず、剰《あまつさ》へ百姓を貪り士を奪いて金銀を過分に蓄へる事を宗《むね》とす。其の家督譲らば金銀を過分に取りて退く分別なり。正森が家人ども疎《うと》み誹《そし》る」

とあり、正邦に家督を譲ることを渋っていたこと、百姓に苛政を敷き家臣団を奪い、金銀を蓄えていたことなどが記される。

一方で、藩主移譲にあたって正邦に宛てた「阿部正春教諭箇条覚書」では、「御代々先祖御取立ての儀にて御厚恩を蒙り、御譜代の者に候間、昼夜忠孝を存ぜらるべき事」「気随★なる儀少しもこれ無く、奢りなる儀堅く御慎み専一に候事」「家中慈悲に成られ、御領分士民養育成され惣じて諸人の困窮苦労成る儀、堅く成され間敷く候」「むさと費えを成され家中を貪り民百姓を虐げ取り、御自用に成され候儀は御無用に候」など三二カ条にわたって細かな教諭がなされている。

『岩槻市史』によると、家臣総数は正春時代の寛文八年（一六六八）には一二一九名を数え、そのうち知行取りは三千石から九十石以下まで二二一人で、総石高の約半分であった。一時的な預かり藩主の身で、正次、重次、兄定高と続いてきた家臣団を心服させ纏めるのは容易ではなかったと推測され、『土芥寇讎記』評

▼気随
勝手気ままな振る舞い。

をそのまま正春像に当てはめることは出来まい。

元禄十五年、稲垣重富と入れ替わりで刈谷藩（一万六千石）へ入封した時は六十六歳であった。翌年には元禄地震が関東地方を襲い、宝永四年（一七〇七）には東南海を揺るがす宝永地震★、富士山の噴火が相次いで起きた。

藩内でも地割れや民家の倒壊、家中屋敷の破損などの被害があり、刈谷城も櫓《やぐら》・塀・門などが破損した。先祖の地三河国へ戻った正春にとって、決して順風満帆とはいえない時期であった。数々の復興をなしたのちの宝永六年、六男正鎮《まさたね》に家督を譲って隠居した。九代目の藩主となった正鎮はこの時十一歳で、僅か一年で上総国佐貫《さぬき》藩一万六千石（千葉県富津市佐貫）へ転封した。

▼宝永地震
宝永四年十月四日午後二時頃に発生した地震。震源は紀伊半島沖。マグニチュード八・四。東海沖と南海沖で同時発生し、伊豆から九州までの太平洋沿岸に津波が襲来した。翌日、甲斐で大余震が発生してさらに被害が広がった。全体の被害総数は全壊家屋五万四千二百余、流出家屋一万七千七百余、死者五〇〇〇人余にのぼった。

## 十代目藩主本多忠良

松平家古参の家臣の中でも幼少より家康に仕えた功臣で、徳川四天王《してんのう》、三傑などと讃えられる豪傑武人本多忠勝《ほんだただかつ》は、家康の信任が厚く、本多家一族は家康の血縁者と婚姻があり、また徳川家以外は使用を許されなかった葵紋の使用を唯一許された家柄といわれている。

忠勝の長男で本多宗家の忠政は姫路藩主で、二男で分家の忠朝《ただとも》は上総国大多喜藩主である。忠朝は大坂夏の陣で敵陣に単騎で駆け入り思う様戦い、三十四歳で戦死した。

本多家ではこの後、宗家、分家の嫡男が幼少あるいは早世するということが続いたために、両家の間で養子縁組・復縁が何度も行われた。

宝永六年（一七〇九）、宗家の姫路藩主忠孝《ただたか》が十二歳で死去したため、急遽宗家を継いだのが忠良《ただよし》で、忠勝の玄孫である。藩主死去の末期養子であったことから姫路藩（十五万石）から越後国村上《むらかみ》藩（五万石）へ転封させられ、さらに翌年、刈谷藩（五万石）へ入封してきた。

領地は碧海郡・加茂郡五〇カ村、近江国《おうみ》（浅井《あざい》郡・伊香郡・坂田郡）三五カ村を有したが、忠良自身は六代将軍家宣《いえのぶ》の側用人《そばようにん》、老中に任ぜられているので、ほぼ江戸在住だったようだ。忠勝が所持していた「忠信の冑★」「蜻蛉切《とんぼぎり》の槍《やり》★」などの家宝を、家宣の意向で上覧に供したことがあるなどと伝えられる。僅か二年後の正徳二年（一七一二）、領地の四者交換「四方領地替え」が行われた。忠良は下総国古河藩（茨城県古河市）へ、古河藩から松平信祝《のぶとき》が三河国吉田藩へ、吉田藩から牧野成央《なりなか》が日向国延岡《のべおか》藩（宮崎県延岡市）へ、そして延岡藩から刈谷藩へは三浦明敬《あきひろ》が入封してくる。

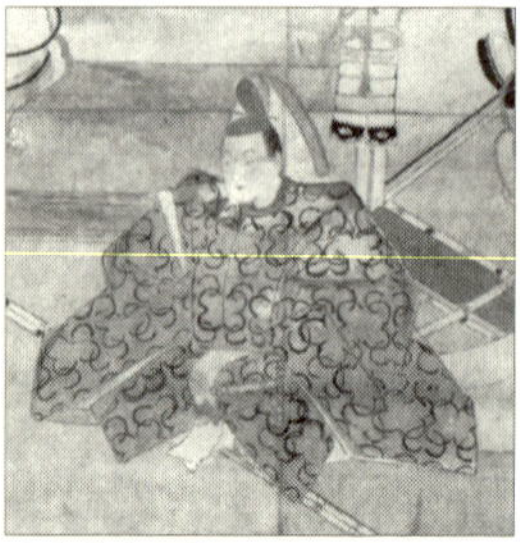
本多忠良画像
（個人蔵・岡崎市美術博物館保管）

**▼忠信の冑**
義経四天王のひとり佐藤忠信の冑。豊臣秀吉から忠勝が拝領したもの。

**▼蜻蛉切の槍**
忠勝が愛用した槍で、天下三名槍のひとつ。槍の穂先にとまった蜻蛉がふたつに切れたことから名がついたといわれる。

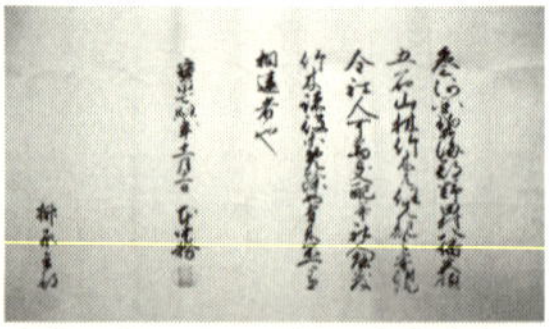
宝永7年11月11日付の本多忠良から野田八幡宮宮司榊原兵部宛ての御証文で、神社所領安堵と諸役を免じることが書かれている。（野田資料館蔵）

## 本多家略系図

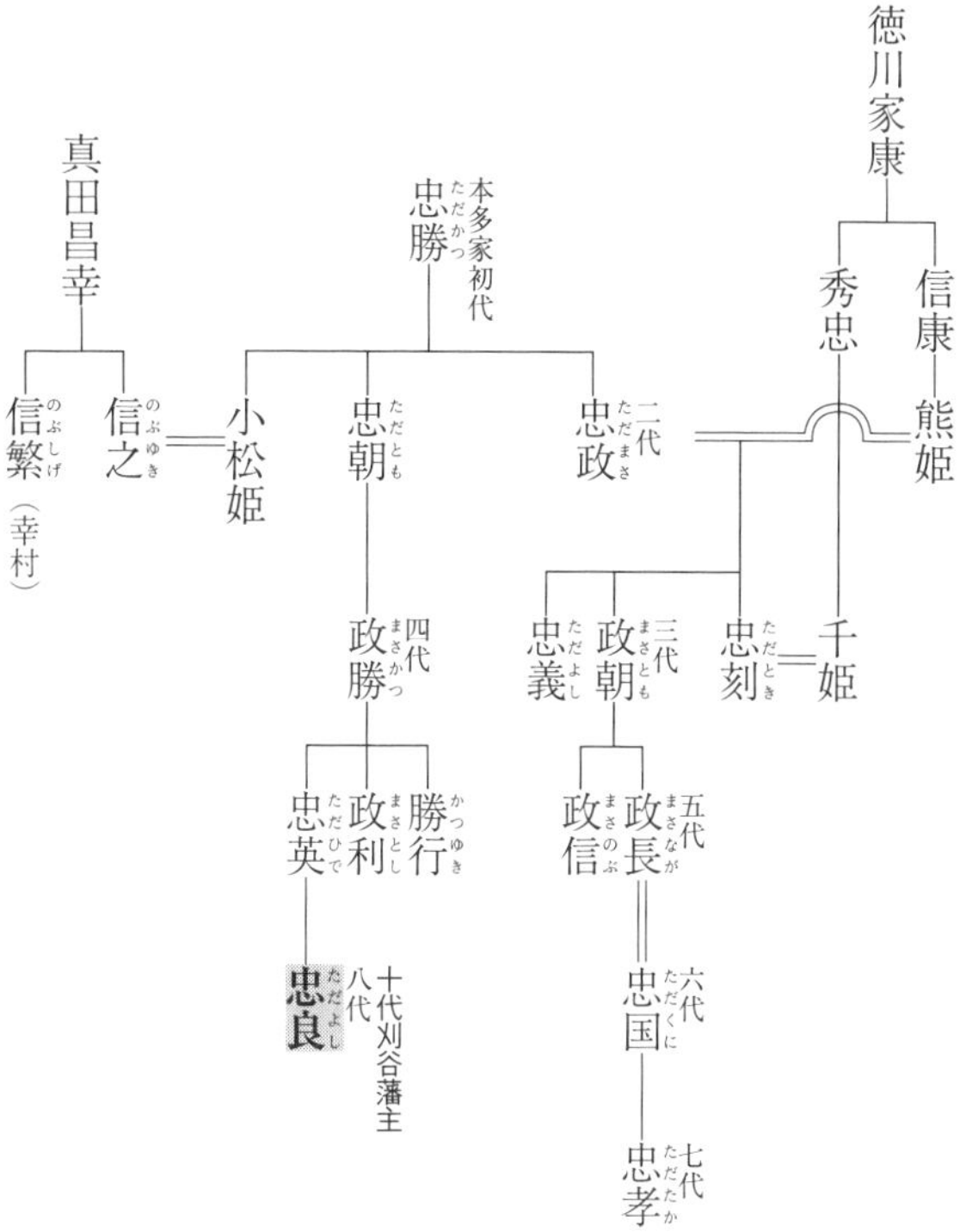

本多家家紋
（丸に立ち葵）

これも刈谷

# 刈谷・知立の文化②

## 大名行列と奴《やっこ》のねり

「大名行列」は江戸時代から続く伝統行事で、もとは市原稲荷神社の祭礼として行われてきた。十万石の格式を有する「秋田出来守」という架空の殿様が神社の神輿を警護する形を表している。寛永十二年（一六三五）に参勤交代が制度化されて以後、大名が道中の無事を祈願して地元の神社に参拝したさまを、祭礼に取り入れたとされる。行列には絢爛《けんらん》な山車も登場して祭りに華を添え、「奴のねり」は独特の所作や掛け声が特徴。肴町・新町の山車は刈谷市指定有形民俗文化財、奴のねりは同市指定無形民俗文化財。開催日は毎年五月三日。

大名行列と奴のねり

## 野田雨乞い笠おどり

正徳二年（一七一二）から野田八幡宮で引き継がれてきたこの祭りは、雨乞いの儀式として神前に御酒《おみき》と御燈《おんともしび》を供え、二人一組の踊り手が太鼓を中に向かい合い、浴衣に赤いタスキ、一文字菅笠の姿で両手に桐の木で作った「つつろ」という短いバチを持って踊る。吹き鳴らされるホラ貝に合わせて踊り手が見せる所作にも趣がある。刈谷市指定無形民俗文化財。開催日は八月下旬の日曜日。

野田雨乞い笠おどり（刈谷市野田町）

知立まつり（本楽）

## 知立まつりとからくり

知立神社で行われる祭礼で、二年に一度の本祭では五台の豪壮な山車が町内を練り歩く。宮入り後、山車の上で「山車文楽」「知立のからくり」が上演される。山車文楽は江戸時代から伝わる伝統芸能で、山車の上で演じられるのは知立のみである。からくりは、浄瑠璃に合わせてひとつの物語をからくりで演じる大変珍しいもの。国指定重要無形民俗文化財。開催日は隔年の五月二日・三日で、西暦の偶数年は本祭、奇数年は間祭《あい》といい、本祭りのみ山車文楽とからくりの上演が行われる。

## おまんと

円形の馬場の中で、駆ける馬の首縄に若衆たちが跳びついて人馬一体となって走る勇壮な祭りで、小垣江町の神明《しんめい》神社で行われる。駆け馬ともいい、「おまんと」は「お馬の頭（塔）」の意味といわれる。主役は二十五歳厄年の若者で、朝五時頃から背に鈴をつけた馬を引き連れて家々を巡回し、祭りの開催を知らせる。十時頃から神明神社に設けられた馬場で、駆ける馬の首縄に跳びついて馬と一緒に駆け回り、十五時頃まで行われる。開催日は毎年十月第三日曜日。

おまんと

## 亀城公園・刈谷城址

水野忠政が天文二年（一五三三）に築城した刈谷城の、本丸と腰郭を利用した総合公園。花見の名所で三月下旬から四月上旬には盛大な桜まつりが開催される。刈谷球場・体育館・河川敷グラウンドが隣接され、市民の憩いの場となっている。平成二十一年（二〇〇九）から刈谷市で亀城公園歴史的建造物等基本計画が立てられ、刈谷城の復元整備事業が進められている。復元されるのは北西隅櫓・南東隅櫓・多門櫓・表門・裏門・土塀などで、江戸時代前期の姿が蘇るのも間近といえそうだ。

亀城公園

刈谷城イメージパース図

## 洲原公園

刈谷市内最大の灌漑用ため池で、昔は新池と呼ばれた。度重なる堰堤《えんてい》の決壊や水洩れに悩まされた村人が、明暦元年（一六五五）、五穀豊穣・雨乞いの神として名高い美濃国洲原神社を分社してこの地に

洲原公園

創建して以後、洲原池といわれるようになった。公園は池を中心にして周囲に広がる松林を背景にした風光明媚な丘陵地で、亀城公園と並んで桜の名所としても名高い。温水プール・洲原ロッジ・テニスコート・デイキャンプ広場などのレジャー施設が整備され、休日は多くの人で賑わう。

### 宮城道雄《みちお》供養塔

筝曲「春の海」で知られる筝曲家宮城道雄の供養塔。明治二十七年（一八九四）に神戸市に生まれ、八歳で失明し、生田流筝曲を修業する。十四歳で筝曲「水の変態」を書き上げ、伊藤博文に高く評価された。天才筝曲家として世界的に名を馳せた一方で、西洋音楽を邦楽に取り入れた新しい音楽を追求し、その活動は「新日本音楽」と称され現代邦楽発展の契機となった。昭和三十一年（一九五六）六月二十五日、関西での演奏旅行のため夜行急行「銀河」に乗っていたが、未明に刈谷駅東で列車から転落し死亡した。享年六十二。翌年五月、刈谷市・宮城会・日本盲人会の三者によって現場付近に三重宝塔の供養塔が建てられ、毎年命日の六月二十五日前後に慰霊祭が行われている。刈谷市指定史跡。

宮城道雄供養塔（刈谷市神田町）

### 鎌倉街道伝承地

鎌倉を中心に放射状に整備された街道は、刈谷市域では、のちの東海道より北を通っていたと推測されており、豊田市駒場から東境町・西境町を通って境川を越え、豊明市へと続く。特徴は全体的に平坦でまっすぐなルートをとっていること、見晴らしがいいように丘陵地や台地の上を通っていることが挙げられる。祖母《そぼ》神社境内に街道の面影が残っており、古代ロマンを感じさせる。刈谷市指定史跡で鎌倉街道伝承地碑が建てられている。

鎌倉街道伝承地（刈谷市東境町）

### 刈谷市郷土資料館

郷土資料館の建物は昭和三年（一九二八）竣工の亀城尋常高等小学校本館で、校舎の建て替えに伴い、貴重な建造物であることから残され、昭和五十五年に開館した。建築家大中肇《おおなかはじめ》の設計によるもので、鉄筋コンクリート造りの建物にバットレス（控え壁）付きの正面玄関ポーチ、両翼妻面《りょうよくつまめん》の洋風デザインが特徴。平成十一年（一九九九）、国の登録有形文化財に指定される。現存する国内最大級の和時計など市指定文化財のほか、昭和三十年から四十年代の懐かしいおもちゃコレクション約四〇〇〇点が展示される。はた織り体験などの体験学習も随時開催。月曜日（祝日の場合は翌日）、年末年始休館。

## 知立市歴史民俗資料館

東海道の宿場町「池鯉鮒宿」をはじめ、知立の歴史や文化を知る資料館。宿場町の旅籠や帳場の再現、街道のジオラマなどが面白い。市立図書館と同館内にあり、学びの場としても最適。月曜日（祝日の場合は翌日）、第四金曜日、年末年始休館。

## 依佐美《よさみ》送信所記念館

昭和四年（一九二九）に建設された当時世界最大級の無線送信施設で、高さ二五〇メートルのアンテナ鉄塔八基からなる。長波によるヨーロッパへの送信を日本で初めて行うなど、長・短波ともに日本の国際通信施設として重要な役割を果たしてきた。第二次世界大戦では、長波は主として旧日本海軍の対艦通信専用となり、真珠湾攻撃開始の暗号「ニイタカヤマノボレ一二〇八」は、ここから発信された。戦後、米軍によって接収され、平成六年（一九九三）の日本返還を経て同十八年に解体されたが、送信機器一式は同十九年四月に開館した記念館へ移設され、保存展示されている。月曜日（祝日の場合は翌日）、年末年始休館。

（刈谷市教育委員会生涯学習部文化振興課編『刈谷市文化財ガイドマップ』『刈谷市歴史の小径』、知立市発行『知立の山車文楽とからくり』参考）

刈谷市郷土資料館（刈谷市城町１丁目25 - 1）

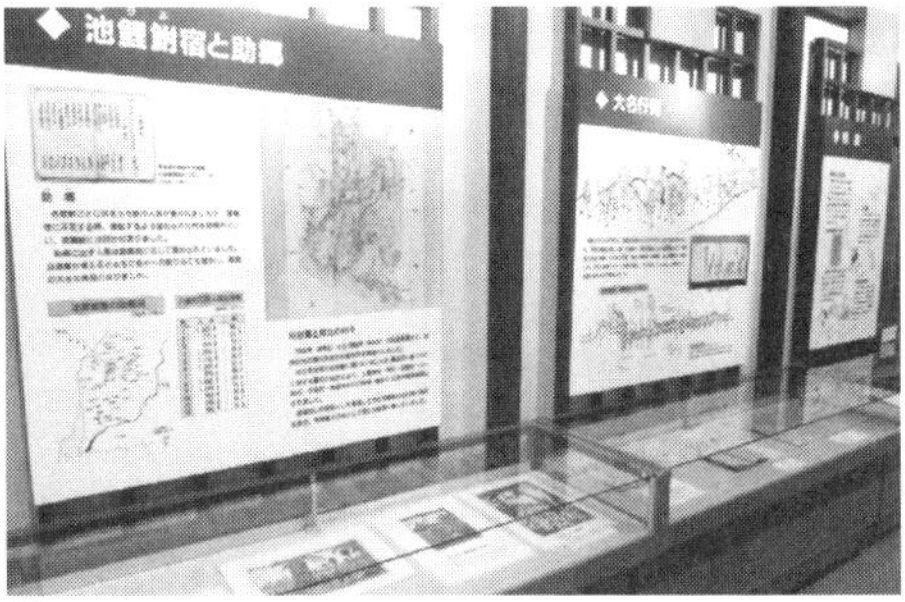

知立市歴史民俗資料館（知立市南新地２丁目３ - ３）
（知立市歴史民俗資料館案内パンフレットより）

依佐美送信所記念館（刈谷市高須町石山２ - １）

これも刈谷

# カキツバタの名所

かつて西三河に広く自生していたと考えられており、乾地《かんち》に生育するアヤメやハナショウブと違って湿地帯・浅水池《せんすいち》に生息し、五月中旬から下旬が見頃になる。

## 小堤西池のカキツバタ群落

刈谷市最北部の井ケ谷町にある面積二万三三〇〇平方メートルの池で、大田の沢（京都市北区）・唐川湿原（鳥取県岩美町）と並び、国の天然記念物に指定された日本三大カキツバタ自生地の一つ。水生・湿生の植物が数多く自生しており、「小堤西池《こづつみにしいけ》のカキツバタを守る会」が保護活動を継続的に行っているほか、専門家による植物群落の生態、水質等の保全に関する調査・研究も行われている。花は五月上旬から咲き始め、中旬に見頃を迎える。早朝の朝露光る中に咲く姿が特に美しく、夜明けから多くのカメラマンが集まる。

清楚で気品が漂う花が咲きほこる様は、日本の原風景そのもの

## 八橋カキツバタと無量寿寺

『伊勢物語』に登場する八橋《やつはし》は、古くからカキツバタの名勝地として知られ、平安時代の歌人在原業平《ありわらのなりひら》が「かきつばた」の五文字を句頭に入れた詠んだ「からころも　きつつなれにし　つましあれば　はるばるきぬる　たびをしぞおもふ」（※）の歌が有名。八橋無量寿寺の庭園は方巌売茶《ほうがんばいさ》住職によって整えられた煎茶庭園で、心字池とカキツバタ園に咲き揃う三万本の花が見事。

※着慣れた唐衣のように慣れ親しんだ妻を都において、はるばると遠くまできてしまった旅が、しみじみと心に思われる。

無量寿寺にある在原業平像

# 第四章 刈谷城と城下町

城下町は海上交通で発展し、東海道池鯉鮒宿は人々の往来や様々な市で賑わう。

# ① 刈谷城の移り変わり

天文二年（一五三三）、水野忠政によって築城された刈谷城は、時代の移り変わりとともに、少しずつその姿を変えていく。元禄初期から櫓は減っていき、江戸後期ともなると必要性が失われ姿を消す。

## 海を臨む城

刈谷の地名の起源は明らかではないが、大宝年間（七〇一〜七〇四）には亀村と呼ばれており、元慶元年（八七七）頃、出雲《いずも》から移り住んだ狩谷《かりや》出雲守の名に由来するといわれる。応永十六年（一四〇九）の「熊野檀那職《だんなしき》譲状写★」に、檀那場《ば》のひとつとして「借家郷」とあるのが初見とされ、水野忠政の時代に「苅屋」又は「刈屋」の字が使われるようになり、江戸中期以降に入封してくる土井家の時代になって「刈谷」と称するようになったとの説もある。

現在の衣浦《きぬうら》湾から逢妻《あいづま》川を遡上すること約二〇キロメートルの辺りが刈谷城になるが、古くはその奥まで湾が広がり衣《ころも》ヶ浦《がうら》とよばれ、刈谷と緒川の間は海上一五町（約一・六キロメートル）の距離があった。北から流れる境川と東から合流

刈谷城址（刈谷市城町）

▼熊野檀那職
熊野詣の参詣者「檀那」と、檀那の祈禱や先達をする「御師」との契約関係を「檀那職」という。御師の収入源であり、譲渡や売買が行われた。

する逢妻川は泉田の南で合流し、湾を形成していたのである。

かつては泉田湊が存在し、尾張と三河の境に位置する重要な港のひとつとして、栄えた。刈谷・元刈谷の間は入江で、十念寺（刈谷市広小路）の松が船着き場になっており、また、猿渡《さわたり》川も中洲が存在する湾を形成していた。長年にわたって境川がもたらす土砂の蓄積が多くなり泉田湊の水底が浅くなると、延宝年間（一六七三〜一六八一）頃より南の市原湊（刈谷湊）が栄え、俳人中島秋挙《しゅうきょ》は「夜わたしの今に声あり華さかり」と、その賑やかさを詠んでいる。

市原湊からは榑木《くれき》★・米・酒・木綿・綿実など多くの品が積み込まれて高浜湊まで運ばれ、廻船に積み替えられたが、享保年間の終わり頃（〜一七三六）には湊がうずまってしまい、積荷は高浜湊（高浜市）へと移った。

現在は、元々海であった場所は陸化され、逢妻川と境川が並行して流れている。時代とともに人工的な築堤増陸《ちくていぞうりく》事業が進められたことと、本来水底が浅い湾であること、河川からの土砂の蓄積量が多いこと、波浪や潮流が弱いことなどが、徐々に湾をして陸化せしめてきた。

## 絵図からみる刈谷城

刈谷城は天文二年（一五三三）に水野忠政が築城してから、明治四年（一八七一）

昭和初期の市原湊
（個人蔵）

▼榑木
檜や杉、椹（さわら）などから製した板材。主に屋根板などの建築用材に使われる。

の廃藩置県によって廃城となるまで、約三百四十年間、水野家から土井家までの九家二二人の藩主の居城となった。西に衣《ころも》ヶ《が》浦《うら》（現在の衣浦湾）を臨む刈谷台地に築かれた平山城《ひらやまじろ》である。

永禄三年（一五六〇）の桶狭間の戦いの余波で刈谷城は戦火に遭った。今川義元戦死後も戦い続けた鳴海城主岡部元信が、海側から刈谷城へ攻め寄せ、水野信元の弟信近を討ち城に火を放った出来事であるが、城が戦場となったのは、これが唯一の事例である。また、慶長十四年（一六〇九）六月十二日には竜巻で櫓などが吹き飛ばされる被害があった。

城郭及び城下町絵図は三八点が確認されており、時代の変遷により城郭の形状に変化がみられる。

『刈谷城址の沿革』によると、水野家の時代には、本丸に四つの隅《すみ》櫓と多門櫓《たもんやぐら》を有し、隅櫓のうち北西隅櫓は三層造り、南東隅櫓・南西隅櫓・北東隅櫓の三つは二層造りとされる。本丸・腰郭《こしぐるわ》・二の郭（二の丸）・三の郭（三の丸）が形成され、二の郭の南から西へかけて上士の屋敷が並んでいた。

城の西側は海に面しており、石垣が築かれ舟着場があった。ここから城内へ米などの物資が搬入され、北側におかれた水手番所では海上を通行する船舶の監視が行われた。水野勝成時代に三層造りの天守が完成し、威風堂々たる城構えをみせていたとの説もある。

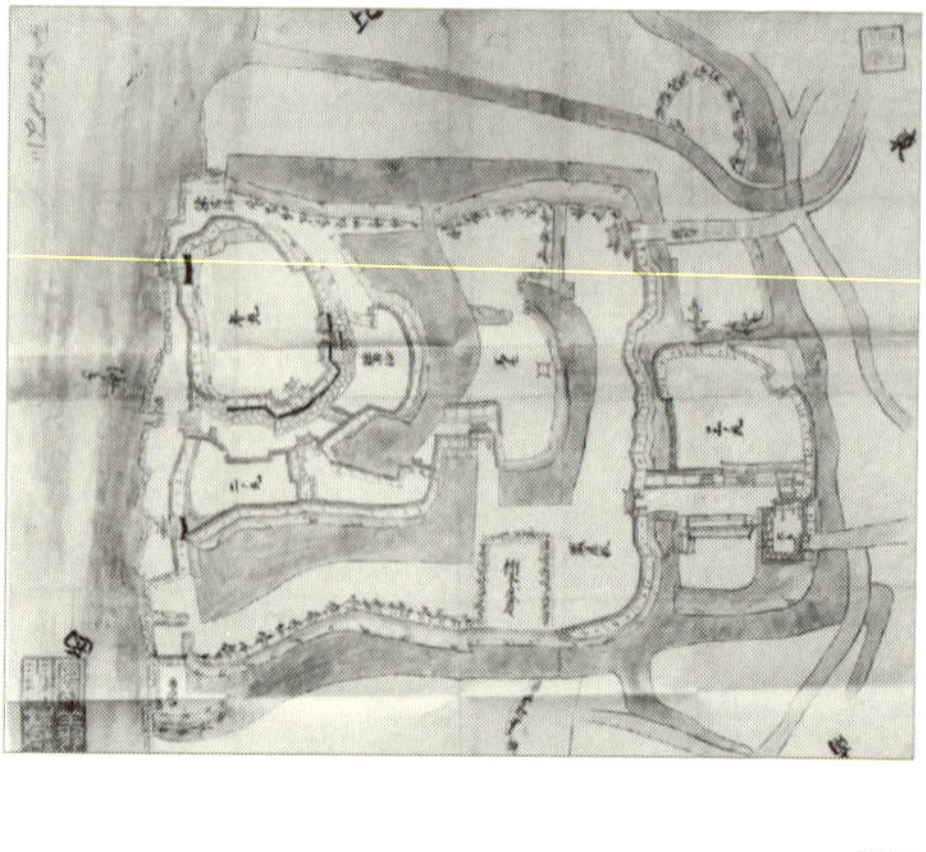

正保期と推定される刈谷城絵図（刈谷市教育委員会蔵）

**緒川口門跡**

緒川口門が侍屋敷と町家の境になっており、番所があって通行を見張り、藩士のみ出入りすることができた。ここから町口門まで侍屋敷が立ち並んでいた。

**町口門跡**

鑑札をもった町人が通行出来る門で、物資の搬入や城内での商売のために出入りした。午後四時から翌朝までは門は閉じられて通行が禁止された。一八〇〇年代になると通行の規制が緩和され、鑑札はなくなり、庄屋へ届け出て通行札を貰えば自由に通行できるようになった。刈谷町・元刈谷村・熊村・高津波村の者は通行札を持たずに出入りできた。

**札の辻跡**

高札が建てられた場所で、現在の銀座四丁目から五丁目の辻にあたる。大正九年(一九二〇)、各市町村の道路の起点となる道路元標が設置された。

**大手門跡**

大手門は城郭の正門にあたる。町口門から大手門を通って本丸へ入る。現在の亀城小学校校庭と並行する道に門があり、ここから西へ延びる道は金ヶ小路とよばれた。

刈谷城辰巳櫓(南東隅櫓)から表門、多門櫓の復元CG

刈谷城の太鼓櫓にあり、時間を知らせるために使われた太鼓(刈谷市郷土資料館蔵)

水野家時代の絵図はいつ作られたのか不明であるが、作成年代が明確な城絵図で最も古いものは正保期（一六四四〜一六四八）とされ、松平忠房の時代のものである。この時期には本丸の櫓は、南西隅櫓がなくなって三つに減っているほか、北西隅櫓は二層構造となっている。

のちの明暦元年（一六五五）から寛文十年（一六七〇）のものと推定される稲垣家時代の絵図では、櫓は南東隅櫓・北西隅櫓・多門櫓のみで、数が減っていることが見受けられ、さらに江戸時代後期になると櫓の記載がなくなる。宝永四年（一七〇七）の宝永地震で南東隅櫓が倒壊し多門櫓が破損したほか、石垣がふくらみ、三の郭の家中屋敷にも被害が出た。その後の風水害で今度は北西隅櫓が倒壊したと推定されており、一時的に再建されても太平の世と藩財政の点から、櫓の必要性が徐々に失われてきた事がわかる。現在は亀城《きじょう》公園となっており、本丸址と腰郭の一部・腰郭下の堀が往年の姿を留めている。

刈谷城町口門跡

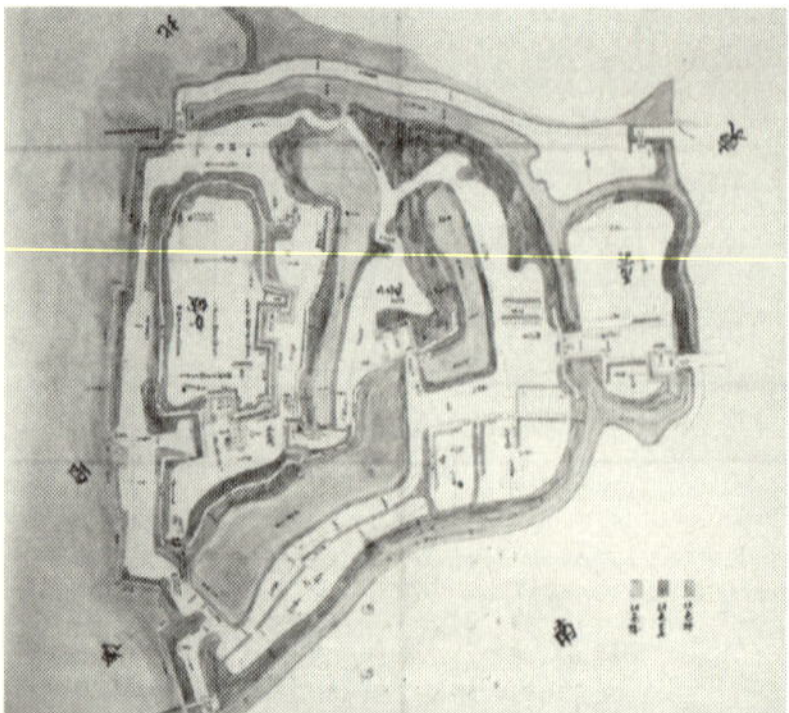
宝永から正徳期と推定される刈谷城絵図（刈谷市郷土資料館蔵）

## ② 街道と町の発展

東海道池鯉鮒宿と城下町は、それぞれ違った独特の賑わいをみせる。
城下町は武家屋敷の形成に伴い徐々に開け、天保の飢饉をきっかけに一気に繁栄する。
享保十六年（一七三一）から藩御用達商として藩や町を支えてきた太田家の存在も大きい。

### 鎌倉街道

鎌倉街道とは鎌倉時代、各地から幕府所在地の鎌倉へ至る中世の道路網の総称で、鎌倉幕府開設以後にある程度整備されてきた。古くは「鎌倉往還」と呼ばれ、特に鎌倉・京都間は「京鎌倉往還」と呼ばれた。「鎌倉街道」の名称は江戸時代になってからといわれる。

街道の宿駅は、愛知県内では一三（黒田・折戸《おりと》・萱津《かやづ》・熱田《あつた》・鳴海《なるみ》・沓掛《くつかけ》・八橋《やつはし》・矢作《やはぎ》・作岡《つくりおか》・山中・赤坂・渡津《わとうづ》・今橋）あった。

刈谷藩領に残る鎌倉街道は、江戸時代末期に藩士濱田与四郎《はまだよしろう》が踏査してその道筋を明らかにしている。境川から刈谷藩領の西境村（刈谷市西境町）、東境村（同市東境町）、駒場村（豊田市駒場町）、八橋村（知立市八橋町）、里村（安城市里町）へ

鎌倉街道伝承地の碑（刈谷市東境町）

と続いていくとされ、現在、祖母《そぼ》神社境内（刈谷市東境町）に、鎌倉街道伝承地として、碑と街道跡と伝えられる道が残されている（市指定史跡）。

## 東海道池鯉鮒宿

藩内には、東海道の宿駅「池鯉鮒《ちりゅう》宿（知立市）」があった。江戸品川《しながわ》宿から三九番目の宿駅である。東海道に宿駅が整備されたのは、慶長六年（一六〇一）で、刈谷藩成立とともに藩領になったが、幕府の道中奉行と二重支配を受けていた。庄屋が三名おかれ、本陣・脇本陣がそれぞれ一軒、天明五年（一七八五）の家数は三〇〇軒を超え、旅籠《はたご》二八軒・茶屋一六軒が軒を並べ、人口は一七〇四人であった。宿場町は山町・中町・本町・西町からなり、中町には問屋場《といやば》がおかれ、問屋役・年寄・人馬取計《とりはからい》役・帳付《ちょうつけ》・人馬下働きが毎日務めていた。本陣は本町にあり、参勤交代の大名や公家・寺院・武家等の宿泊場所であった。街道からは、刈谷城へ至る刈谷道、西尾城へ至る吉良《きら》道、挙母《ころも》城へ至る駒場道が分かれている。宿駅として発足した慶長六年の伝馬《てんま》★の規定は三六疋《ひき》で、隣接する岡崎宿（岡崎市）・鳴海宿（名古屋市）までの継ぎ立てをした。

池鯉鮒宿だけで負担出来ない分は、上重原村・下重原村・半城土村などの周辺約三〇カ村が助郷《すけごう》★村となり、人々の往来を支えた。

東海道池鯉鮒宿を描いた歌川広重の浮世絵のひとつ「東海道五拾三次之内　池鯉鮒」

▼伝馬
駅馬ともいう。公的な物資輸送等に備えて街道の宿駅におかれた乗り継ぎ用の馬。

▼助郷
幕府が宿場近郷の村々に石高に応じて義務づけた人馬の負担。

郵便はがき

お手数ですが
切手をお貼り
ください。

102-0072
東京都千代田区飯田橋3-2-5
㈱ 現代書館
「読者通信」係行

ご購入ありがとうございました。この「読者通信」は
今後の刊行計画の参考とさせていただきたく存じます。

お買い上げいただいた書籍のタイトル

ご購入書店名

書店　都道府県　市区町村

お名前《ふりがな》

〒
ご住所

TEL

Eメールアドレス

ご購読の新聞・雑誌等　特になし

上記をすべてご記入いただいた読者の方に、毎月抽選で
5名の方に図書券500円分をプレゼントいたします。

本書のご感想及び、今後お読みになりたい企画がありましたら
お書きください。

本書をお買い上げになった動機（複数回答可）
1. 新聞・雑誌広告（　　　　　　　）2. 書評（　　　　　　　）
3. 人に勧められて　4. SNS　5. 小社HP　6. 小社DM
7. 実物を書店で見て　8. テーマに興味　9. 著者に興味
10. タイトルに興味　11. 資料として
12. その他

ご記入いただいたご感想は「読者のご意見」として匿名でご紹介させていただく
場合がございます。

※新規注文書↓（本を新たにご注文される場合のみご記入ください。）

| | |
|---|---|
| 書名　　　　　冊 | 書名　　　　　冊 |
| 書名　　　　　冊 | 書名　　　　　冊 |

ご指定書店名

| | | |
|---|---|---|
| 書店 | 都道府県 | 市区町村 |

ご協力ありがとうございました。
なお、ご記入いただいたデータは小社での出版及びご案内や
プレゼントをお送りする以外には絶対に使用いたしません。

しかし、東海道を往来する大名や公家衆などの通行が増えると助郷村だけの負担だけでは足りなくなり、加助郷《かすけごう》★村から人馬を調達しなければならなかった。農繁《のうはん》期ともなると、その負担はかなり大きなものであった。

池鯉鮒では毎年四月二十五日から五月五日までの十日間にわたって馬市が開かれ、賑わいをみせた。鎌倉時代にはすでに始まっていたとされ、場所は牛田村から八橋村、駒場村までの広大な野で、全盛期には四、五〇〇〇頭の馬が立ち並び、その様子はまるで林のようだったという。全国から馬喰《ばくろう》だけでなく旅人や見物人たちが集まり大いに賑わい、商人はもとより役者、芸人、遊女も集まって仮店舗を開いた。

藩では家中の者から庶民に至るまで、馬市へ見物に出かけることを禁止する触れが出されるほどで、珍しい売り物や賑やかな芝居が魅力的な娯楽であったことがうかがえる。

刈谷藩の役人は池鯉鮒宿内山町に馬市番所（現在の薬師堂ふれあい広場）で馬市の警備・監督にあたった。役人二人が詰めて、非常時用に鉄砲五挺・弓三張《ちょう》・矢箱・玉箱・幕・刺股《さすまた》・突棒《つくぼう》・袖搦《そでがらみ》などを備えていた。享保十年（一七二五）以後、番所は池鯉鮒宿中央の刈谷藩出張会所へ移った。

馬市は、慶応年間（一八六五〜一八六八）まで賑わったが、明治になって市場条

▼加助郷
交通量の増加に伴い、新たに追加された助郷。

東海道池鯉鮒宿の初夏の馬市を描いた歌川広重の浮世絵「東海道五拾三次　池鯉鮒　首夏馬市」

例の発布や家畜市場条例の改正等によって徐々に衰退していき、昭和十九年（一九四四）の開催を最後に、幕を閉じた。

## 庄屋と城付き四カ村

町奉行・郡《こおり》奉行の下に代官が概《おおむ》ね三名おり、藩の御用や年貢収納・諸役割り当ては代官から庄屋へ伝えられ、庄屋は触れを領内へ伝達し、また、領内からの嘆願を藩へ提出するなど庄屋は地域社会の中核をなしており、藩政を支える重要な存在であった。

概ね稲垣家以後、城の直近に位置する刈谷町・元刈谷村・熊村・高津波村が城付四カ村とされ、城への上納、城内の清掃、藩主帰城迎えや出発の見送りなど、様々な御用を務めた。

例えば藩主が江戸から国元へ帰城する際には、刈谷藩領の境にあたる大浜茶屋（安城市浜屋町）から刈谷町までの道筋を村々が分担して清掃し、刈谷町から城内と、藩主が参詣する市原稲荷神社★は四カ村が清掃作業を行った。当日、庄屋は麻裃《かみしも》を着用して八町畷で行列を出迎え、参勤時も同様に道筋の清掃と見送りがされた。正月は四カ村はじめ領内の庄屋・有力商家・御用達商は麻裃姿で揃って登城し藩主にお目見えして伊勢えびや扇子などの献上品を納め、酒の振る舞いとのし鮑《あわび》をもらうのが通例となっていた。また、刈谷町からは毎年藩主に歳暮として串柿《くしがき》を献上した。

四カ村の庄屋は藩主と密な関係にあり、慶事・弔事《ちょうじ》の挨拶に出るほか、藩主の厄払い祈禱や石灯籠の寄進をすることもあり、領内村々の代表としての性格をもっていた。『御触状留帳（刈谷町庄屋留帳）』によると、刈谷町の庄屋は年番で概ね二名が務め、苗字帯刀を許された有力商家《しょうか》がこれにあたった。しかし江戸中期以後、藩財政が窮乏していく中で頻繁に御用金の調達に応じなければならず、有力商家といえども借財がかさんで家財を売り払い逼塞《ひっそく》していく者や、理由をつけて庄屋職の辞職を願い出る者も少なからずいた。

天保の飢饉ののちから、田畑を手放し農村から城下へ移住し商人へ転じる者が増え、城下町は賑わいをみせ始める。嘉永年間（一八四八～一八五四）には人口が増え町並みが一層広がり、新規出店が増えることで他国から出入りする商人たちも増加してくる。古い商人が没落し新興商人たちが増え、不況の中でも刈谷町を中心に城下は一層の繁栄をみせていく。

市原稲荷神社（刈谷市司町）

**▼市原稲荷神社**
創建は白雉四年（六五三）で祭神は倉稲魂神・保食神・大山祇神。水野忠政が刈谷城を築いた際、武運隆昌の祈願所として以後、歴代藩主の崇敬を受けた。藩主は入部すると市原稲荷神社と知立大明神に参拝する事を習わしとした。稲垣家の時代から野田八幡宮・知立大明神とともに領内三社とされる。

## 刈谷藩御用達商の太田家

逼塞していく有力商家がいる中で、堅実な商いで江戸中期に入封する三浦家の時代から廃藩置県まで、長く藩の御用達を務めてきたのが太田家である。

太田家の祖は、織田信長の三男信孝《のぶたか》の家臣といわれる。信孝が羽柴秀吉によって大御堂寺《おおみどうじ》（知多郡美浜町野間）で自刃《じじん》させられた最期まで、太田家一族二五人が付き従っており、この中の太田和泉守牧陰《まきかげ》が刈谷の太田家の祖である。牧陰から数えて三代目の徳右衛門が承応四年（一六五五）に刈谷へ移り、町口門近くの本町に「和泉屋」の屋号で酒造業を営んだのが始まりである。着実に身代《しんだい》を築き上げてきたが、藩への御用金が重なり、また酒造に関して幕府の統制・米価変動等もあったことから商いは不安定な一面をみせ、六代目平兵衛正直《まさなお》は酒造を一旦休業して地産の米や木綿などの扱いへ転じた。

享保十六年（一七三一）、七代目平蔵正長《まさなが》は刈谷藩御用達となり、城への出入り・苗字帯刀を許された。御用商人になると実利も多いが、出費も相当なものであった。藩の財政難を助ける御用金調達は勿論《もちろん》のこと、藩主やその一族の慶事があるたびに祝儀を献上し、新しい格式を得た時にはその関係筋へ謝礼や祝儀を出し、また、頼母子講《たのもしこう》への協力や、助郷への多額の献上金等々があったとされる。刈谷藩内の豪商のひとり鴻池《こうのいけ》家が御用金に耐え切れずに身代を潰した例を鑑《かんが》みても、その負担は莫大《ばくだい》であった。

明和四年（一七六七）、八代目平蔵正勝は油類の現金売りを藩へ出願し、油問屋を開業した。扱ったのは菜種油や綿実油《めんじつゆ》・有明油《ありあけ》（有明行灯《あんどん》などに使用する灯油）・胡麻油・魚油・荏油《じんゆ》・椿油などで、灯油や食用・髪油など日常で使用する多種に及んだ。こうして堅実に財を成《な》した太田家は、三浦・土井藩主時代の藩の財政難を支え、飢饉にあっては困窮者を救済し、庄屋としても自治に貢献した。

特に十一代目平右衛門正行《まさゆき》は、御用達の重鎮として存在感を発揮し、天保九年（一八三八）、藩主土井利祐《としすけ》によって馬廻格に、嫡男桂之助は馬役格に任ぜられ、弘化三年（一八四六）には槍奉行格・肩衣《かたぎぬ》御免となっている。

版籍奉還後は刈谷藩会計局御用を務め、のち東海道線刈谷駅誘致運動や駅前整備、三河鉄道の敷設など、家老職を務めた大野家などとともに町の発展に尽力した。

明治後の商いは、油だけでなく蠟燭・紙類・鍋釜・古鉄などの金物《かなもの》類・石灰までも扱い、明治五年（一八七二）には刈谷三四カ村の絞油《しぼりあぶら》の元締と、酒・醤油などの惣元締を務めるなどし、大正十年に太田商事株式会社を創立した。

承応四年から三百六十年の長きにわたる商いの根底には、天保三年に十一代目平右衛門正行によって制定された四二カ条もの「定《さだめ》」がある。華美浪費せず質素倹約を常とし、新田開発や米相場など投機的な事業を戒めた内容で、条々の最後には「右の条々、子孫に至るまで急度《きっと》相守り申すべき事、子孫相用いぬ者これあるに於いては天罰を蒙るべく、家督相続致すまじき事」とある。

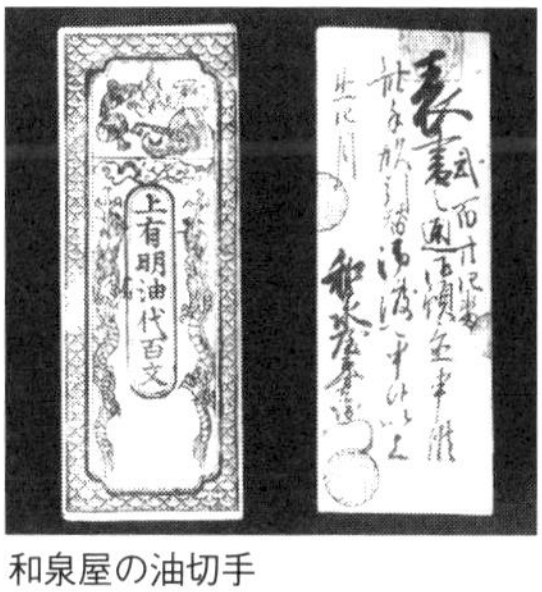

和泉屋の油切手
（個人蔵）

太田平右衛門正行
（個人蔵）

## ③ 主要産物と農商業の発達

『三河国二葉松』には、碧海郡の名物として大浜鰣・苅谷白魚・同酒・重原土器が挙げられている。

現在刈谷では見られなくなったが、白魚は将軍家へも献上された品であった。

かつて刈谷で賑わいをみせた産物と、西三河を変えた一大事業「明治用水」の歴史。

### 将軍への献上品白魚

刈谷藩領で白魚漁《しらうお》が始まった初年は不明だが、江戸時代を通じて冬の間、高津波村・元刈谷村・市原村の漁師たちが衣ヶ浦で漁を行い、目刺しにして毎年藩から幕府へ献上するのが習わしであった。サケ目《もく》シラウオ科の小さな魚で、河川河口域から沿岸域などに生息し、産卵のために遡上してくるところを漁獲《ぎょかく》する。特に刈谷で獲れるものは他の地域のものよりも形が大きく且つ、時々眼の色が金色のものがあり、金目白魚と呼ばれ重宝《ちょうほう》されたという。

白魚は徳川家康が三河時代から好んでいたといわれる。家康と白魚についての伝説として、佃島《つくだじま》の漁師たちが隅田川《すみだがわ》で漁をしていたところ、それまで見たこともない魚が獲れ、調べてみると頭に葵の紋がついていた。早速将軍家に届ける

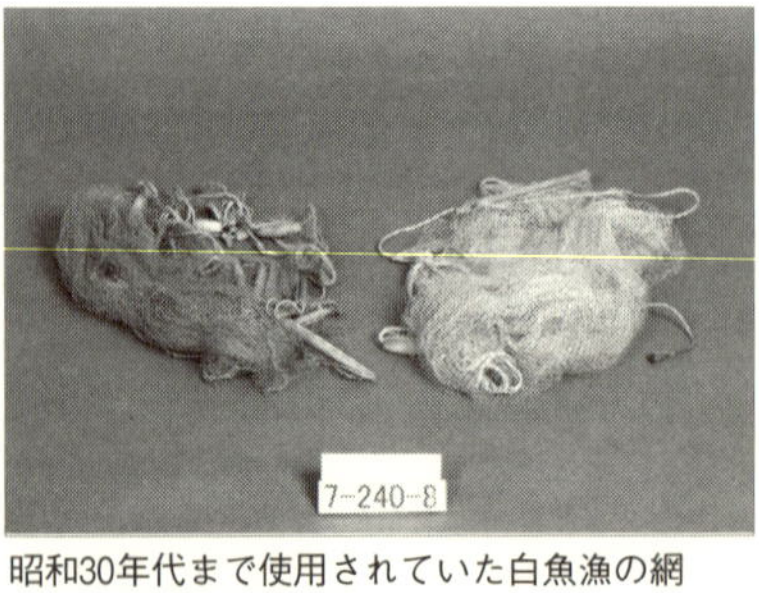


昭和30年代まで使用されていた白魚漁の網
（刈谷市郷土資料館蔵）

と、家康は、三河にいる時に食していた白魚が江戸でも獲れるとは目出度《めでた》いと大変喜び、以後毎年初物を献上する習わしになったとの話がある。

刈谷からの献上は、宝永七年（一七一〇）の『御触状留帳（刈谷町庄屋留帳）』に記事が出ていることから、それより以前から行われていたようだ。

衣浦湾（衣ヶ浦）での白魚漁は、昭和六年（一九三一）には捕獲制限がなされ、昭和三十二年頃からまったく獲れなくなった。

## 不安定な酒造業

刈谷での酒造業は、承応二年（一六五三）の稲垣重綱の時代、大坂鴻池から移住してきた冨田《とみた》又兵衛なる人物によって始められたとされており、又兵衛はのち鴻池を称した。

米を原料とする酒造業に対しては、常に幕府の厳しい統制がなされてきた。国の酒造米高を調査し米価変動により酒造株制度や酒造制限令が出され、あるいは勝手造り令が出されるなど、米価調整のため製造量は常に左右されてきた。三河国全体としても、それによって酒造業の発展と衰退が繰り返された。主な発展期は、宝暦四年（一七五四）から寛政二年（一七九〇）と文化・文政期で、いずれも幕府の勝手造り令によって酒造株★を持たない新規の業者が参入出来たためである。

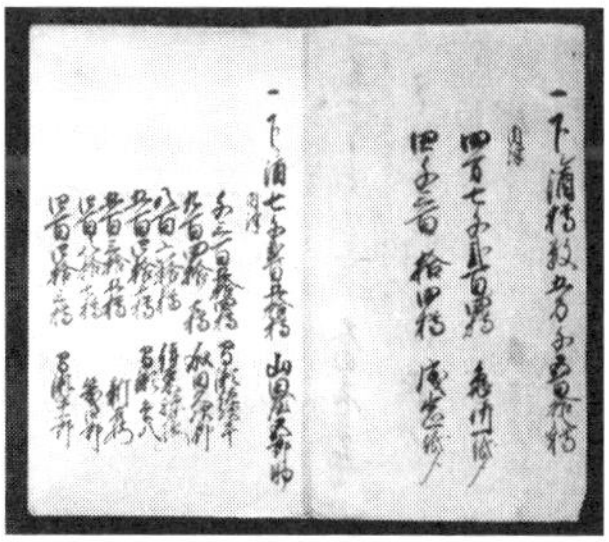
下り酒問屋名簿
（個人蔵）

▼酒造株
酒株とも。米価調整や課税を目的に設けられた酒造の権利。

刈谷藩では元禄十年（一六九七）の酒造家は、太田庄右衛門・鴻池又兵衛・太田平蔵・大岡伝右衛門・大岡新六・太左衛門らで、酒造高は二千三百六十二石にのぼる。こういった酒造家たちは、藩の余剰米や払米を仕入れることが出来、藩財政と密接な関係をもっていた。同年の江戸《えど》積酒《つみざけ》の産地及び酒造家数は摂津国一〇一一軒、尾張国七二軒、美濃国六五軒、三河国五七軒になる。このように伊丹《いたみ》酒に代表される摂津国伊丹（兵庫県伊丹市）・池田（大阪府池田市）、そして今津・灘《なだ》目《め》（神戸市東灘区・灘区・西宮市）が江戸下り酒のほとんどを占めている中で、三河国からの江戸への入津《にゅうしん》樽数は、天明期（一七八一～一七八九）に飛躍的な伸びをみせ六万樽を超える量が出荷された。

廻船を支配し酒荷《さかに》を江戸へ出荷する酒造業では湊の存在も大きい。碧海郡においては市原・大浜・高浜・鷲塚・棚尾などの良港があった。

元治年間（一八六四～一八六五）に開業した稲徳酒造が昭和初期まで続いていたが、それを最後に刈谷での酒造業は見られなくなった。

## 江戸下り酒の地域別入津高比較表

（単位：樽）

| 年　次 | 今津・灘目 | 今津・灘目を除く摂州・泉州 | 尾張国 | 三河国 | 美濃国 | 総計 |
|---|---|---|---|---|---|---|
| 天明4（1784） | 305,478 | 266,956 | 7,152 | 53,121 | 26,581 | 659,288 |
| 6（1786） | 357,871 | 279,565 | 57,076 | 57,473 | 23,087 | 775,072 |
| 8（1788） | 203,894 | 222,269 | 80,774 | 65,352 | 21,282 | 593,571 |
| 寛政2（1790） | 236,025 | 248,939 | 118,557 | 67,005 | 36,651 | 707,177 |
| 3（1791） | 139,000 | 118,600 | 22,200 | 21,000 | 10,000 | 310,800 |
| 4（1792） | 176,200 | 151,500 | 28,000 | 27,000 | 13,000 | 395,700 |
| 6（1794） | 278,000 | 261,200 | 100,000 | 42,000 | 20,000 | 701,200 |
| 8（1796） | 355,342 | 335,044 | 58,807 | 43,370 | 12,257 | 804,820 |
| 10（1798） | 343,868 | 336,758 | 55,800 | 42,638 | 10,414 | 789,478 |
| 享和2（1802） | 235,750 | 221,450 | 84,800 | 35,600 | 17,000 | 594,600 |
| 文化元（1804） | 412,435 | 581,175 | 65,547 | 43,098 | 8,223 | 1,110,478 |
| 3（1806） | 479,486 | 405,760 | 56,107 | 35,746 | 5,119 | 982,218 |
| 5（1808） | 477,286 | 368,449 | 41,318 | 26,950 | 2,657 | 916,660 |
| 14（1817） | 540,656 | 376,744 | 33,744 | 57,075 | 3,596 | 1,011,815 |

（村瀬正章『近世伊勢湾海運史の研究』を元に作成）

# 三河木綿と織物産業

松尾芭蕉《まつおばしょう》の句「不断たつ池鯉鮒の宿《しゅく》の木綿市」にあるように、池鯉鮒宿《しゅく》は、馬市だけでなく木綿市が絶えまない賑わいをみせていた。

綿が日本に伝来したのは、延暦十八年（七九九）、幡豆《はず》郡福地村（西尾市）に漂着した崑崙《こんろん》人（マレーシア人）の持ち物の中に綿の種があったと『日本後紀』に記されている。

それによると、小舟に乗って三河国に漂着した人がおり、言葉が通じないのでどこの国の出身か分からなかったが、居合わせた唐人《とうじん》たちは崑崙人だと言った。その後、日本語を習い話せるようになると、自分は天竺《てんじく》人（インド人）だと言い、一弦の琴を弾いた。持ち物を調べると草の実のようなものがあり、これが綿の種であった。

これが伝来の初めといわれているが、綿栽培は定着しなかった。本格的な綿《めん》業《ぎょう》は、一四〇〇年代に明《みん》の国から輸入されたものが定着して以降のこととされる。一四〇〇年代終わりから一五〇〇年代初めには三河木綿が勃興《ぼっこう》し普及し出したようで、全国に先駆けて綿業が発展し、三河の地が綿業発祥の地とされている。

江戸時代に入り、元禄年間（一六八八〜一七〇四）には多くの綿種《わただね》が輸入され、全

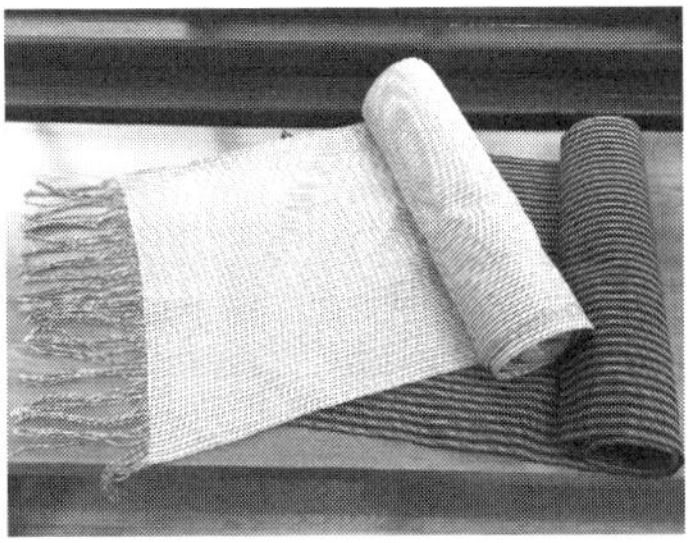

三河木綿の伝承と織物研究グループ「おさの会」による三河木綿製品

国各地はもとより三河の綿栽培と綿織物は一層さかんになり、「三白《さんぱく》木綿」または「池付白《いけつきしろ》」の銘柄で池鯉鮒の市で取引され、また、仲買商人によって集積され江戸へ運ばれた。厚手の生地は手ざわりが良いだけでなく耐久性・耐火性・保温性に優れ、火事装束《しょうぞく》としても多く使用された。

刈谷藩内では米に次いで綿作が盛んで、積極的に栽培・織物が行われていたようである。農家での栽培と家内工業として糸紡《つむ》ぎから機織り、商人による販売が組織化されていき、江戸末期には綿会所の設立が願い出され、綿取引業者は藩内で一一六名にものぼっていた。

明治以後は「三河木綿」の名で全国に流通し、織物産業へと発展していく。

## 文政期からの悲願「明治用水」

三河国の碧海《へきかい》台地は、酸性粘土質地帯で水の利便

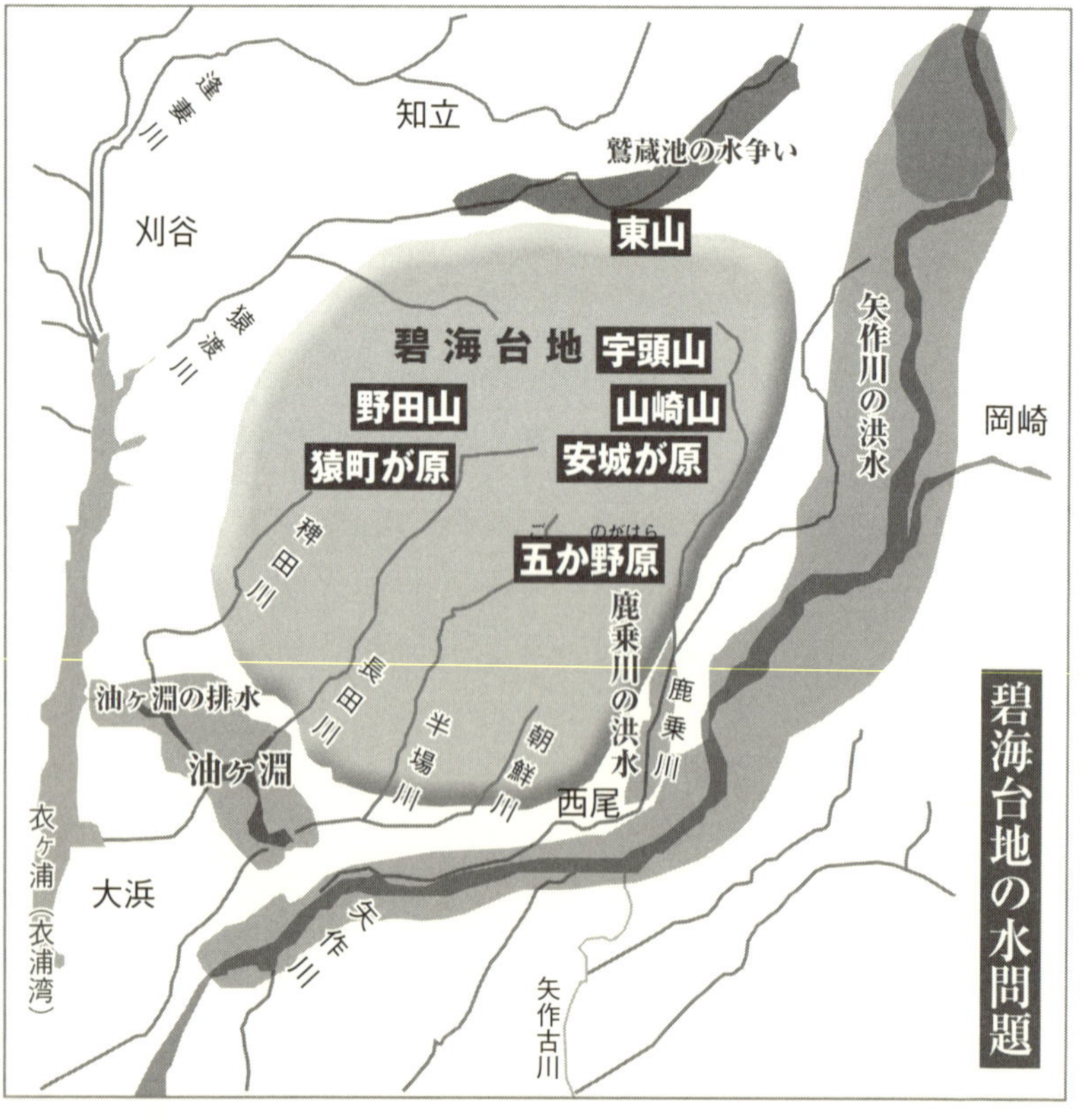

性が悪く、江戸時代以前は開田がされず山林原野が広がっていた。今の安城市・豊田市・岡崎市・刈谷市・知立市・高浜市・碧南市・西尾市にまたがる、矢作《やはぎ》川と境川に挟まれた一帯である。この広大な碧海台地の原野を水田に変えるべく、矢作川から水を引く用水路を建設する壮大な事業が行われた。

最初の発案は文化年間（一八〇四〜一八一八）で、和泉村（安城市和泉町）の都築《つづき》弥厚《やこう》である。

都築家は酒造業を営む豪農で、新田経営をも行う資産家であった。旗本松平氏の代官をしていた弥厚は、頻発《ひんぱつ》する水争いや旱魃《かんばつ》などに苦しむ農民の姿を見てきたこともあって、矢作川から水を引く広大な新田開発を考え、私財をなげうってこれに取り組んだ。高棚村の数学者石川喜平《いしかわきへい》らの協力を得て、弥厚は土地の測量を開始し、約十年間の綿密な準備計画のもと、文政十年（一八二七）、幕府へ開発を出願した。新開予定面積四二〇〇ヘクタールで米五万石の増収を図るものであったが、誤解による農民や、開発後の土地は幕府領になるという法令から藩領が減ることを心配した挙母藩・刈谷藩・西尾藩の反対運動が激しく、計画は頓挫した。弥厚は借財二万五〇〇〇両を残して、天保四年（一八三三）、苦難のうちに六十九歳で病没した。

それから三十五年後の明治元年（一八六八）、大浜村（碧南市）の岡本兵松《おかもとひょうまつ》が弥厚の用水計画の必要性を痛感して明治新政府に出願した。一方で、岡崎藩領の伊《い》

都築弥厚肖像（明治川神社蔵）

文政10年、幕府へ提出された「三河国碧海郡新開一件願書写」（都築晃彦氏蔵）

予田与八郎《よだよはちろう》も、頻繁に氾濫する矢作川から水路を建設して土地開発を行う「七カ村悪水計画」を訴えていた。

明治八年、両者の計画は合体され県へ提出された。以後、地域農民の説得と莫大な資金調達を乗り越え、官民協同の一大事業として明治十二年に着工した。そして一年三カ月のスピード工事で翌十三年三月に本流が完成、四月十八日に成業式が挙行された。その後、中井筋・東井筋・西井筋といった幹線が次々と完成し、かつて山林原野だった碧海台地は、明治十六年には四三〇〇ヘクタールの農地へと姿を変え、さらに同四十年には八〇〇〇ヘクタールにまで広がった。都築弥厚が計画出願をした文政十年から五十三年の間に及ぶ壮大な事業であった。

これは愛知県令国貞廉平《くにさだれんぺい》により明治を代表する用水として「明治用水」と名づけられ、当時の内務卿松方正義《まつかたまさよし》は、この事業を讃えて「疏通千里利沢万世《そつうせんりりたくばんせい》」★の言葉を寄せた。

碧海台地は、明治用水の開通によって開拓され水田化が進んだだけでなく、果樹栽培等の産業が大きく発展し、大正十二年（一九二三）、農業国デンマークにちなんで「日本デンマーク」の名が付けられた。

事業に私財を傾けて尽力した都築弥厚・岡本兵松・伊予田与八郎の三名は、明治十八年、明治川神社に祀られ、毎年四月十八日に例祭が挙行されている。

▼「疏通千里利沢万世」水は千里を通じ利益と恩沢は万世に続くの意味。

明治川神社（安城市）

# ④ 災害と飢饉

三河国では、頻繁に暴風雨があり、その度に甚大な被害をもたらした。人々の暮らしは、災害とそれに伴う飢饉との戦いでもあった。そして幕末、三度にわたって発生した大地震にみる災害史。

## 正徳年間の災害

三河国は、特に正徳年間（一七一一〜一七一六）に大きな災害に見舞われている。

正徳元年は頻繁に風水害に遭ったが、正徳二年の被害は甚大で、熊村の新田の堤が一三間にわたって切れ、多くの田に深さ六、七尺も水が溜まり、桑畑は全滅し木綿や大根は八割が、田は四割が被害を受けた。

同三年の被害石高は一万四千百七十八石余りに上り、これは藩の石高の約六割になる。飢餓人は三〇カ村で一二三〇軒、人数にして五〇〇〇人余にのぼり、翌年二月から三

**正徳期の災害**

| 年月日 | | 内　容 |
|---|---|---|
| 元年（1711） | 7月28日 | 暴風雨 |
| | 8月9日 | 暴風雨・洪水 |
| | 8月23日 | 暴風雨・高潮・洪水 |
| | 9月28日 | 暴風雨・洪水 |
| | 10月28日 | 暴風雨・洪水 |
| 2年（1712） | 8月9日 | 暴風雨・洪水 |
| | 8月18日 | 暴風雨・洪水 |
| | 9月 | 暴風雨・洪水 |
| 3年（1713） | 6月6日〜8日 | 暴風雨・洪水 |
| | 7月4日 | 暴風雨・洪水 |
| | 8月12日 | 暴風雨・洪水 |
| | 夏 | 旱魃 |
| 4年（1714） | 4月22日 | 暴風雨・洪水 |
| | 7月8日〜9日 | 暴風雨・洪水 |
| | 8月8日 | 暴風雨・高潮・洪水・飢饉 |

（『刈谷市史』第二巻近世より）

月に藩から救米《きゅうまい》が支給された。

また同四年八月八日も暴風雨があり、被害石高九千石、潰家《かいか》二〇〇軒余、大浜茶屋から境川間の往還で松の木が六六本も倒れ、堤は大破し橋も落ちるなどあり、刈谷城も少なからず被害を受けた。藩は家臣の被害に二両二分から二分の手当を貸し、領内の被害状況を見分し、収穫が平年の半分以下の場所については検見《けみ》しないとしている。

こういった状況は翌年になっても解消されることがなく、同五年には飢餓人は一層増加して七七〇〇人余りに達したという。年貢を納めるどころではなく、正徳六年分を皆済《かいさい》した村は、領内で五カ村のみという有様であった。

## 享保の飢饉

このような災害・飢饉は享保年間（一七一六〜一七三六）になっても続いた。享保二年から三年は旱魃が続き、同七年八月十四日・十五日は記録的な暴風雨であった。『愛知県災害史』によると十四日朝から降り続いた雨は夜半に暴風雨となり、翌朝まで続いた。矢作川をはじめ各河川が氾濫し、藩内では全壊二二六軒、半壊四一軒、堤が切れた箇所は一五四箇所、総間数一九四六間（約三五〇〇メートル）にも及んだ。被害石高は八千五十五石。これだけでは収まらず、同九年、十一年、そして十五年、十六年と旱魃が続いた。

享保十七年は西日本で大飢饉の年であった。冷夏と長雨によって作物の生育が悪く、大規模な虫害《ちゅうがい》が起こった。これにより、例年の半作以下の藩が四六藩にも及んだといわれており、その虫はイナゴやウンカ等で、ひどい所では一夜のうちに数万石の稲を喰い荒らす状況もあったという。刈谷藩においては同十八年に虫害があったようで、葭《あし》、蘆《ろ》等の根にも虫が付くので土を掘って焼き払うようにとの指示が出ている。

正徳年間に始まった災害による飢饉は、享保・元文期になっても災害が重なったために尾をひき、刈谷藩にとって厳しい時代であった。

## 天保の飢饉

この飢饉は、天保四年（一八三三）から同七年にまたがる全国的なもので、三河国においては同三年から気候不順による凶作で飢饉となった。同四年は冷夏暖冬で、冬に季節外れの花が咲く有様だった。『御触状留帳（刈谷町庄屋留帳）』には、「当夏中、雨天がちにて冷気強、冬季また暖気にや、梅・椿の花咲、猶菜の花・大根の花等、霜月の内より咲き候。猶又寒中殊の外大雨度々なり」とあり、十一月から梅や椿、菜の花、大根の花が咲いたという。米の値段が高騰し、刈

▼囲米
凶作・飢饉対策用に村の郷蔵などに米を貯えること。

谷藩でも囲米《かこいまい》★を命じ、他国への流出を防がなければならなかった。同五年の農作物の出来高は麦で四～五分、大豆・小豆《あずき》などは三～四分、綿作に至っては一～二分程度でしかなかった。刈谷町の庄屋は、生活困窮者には米一升に付き一五分安で売ることを穀屋《こくや》と藩に掛け合い、取り計らっている。それだけでは収まらず、生活難渋者救米として藩から二回にわたって籾米計六〇〇俵が出された。同七年になっても状況は改善されず、刈谷町・熊村・高津波村では米一升に付き二四文安で米切手を発行して売るように計らっている。

この飢饉を契機に百姓の離農が増え、『御触状留帳（刈谷町庄屋留帳）』には出稼ぎや刈谷町で新たに店を出す者の記載が目立ってくる。人々は凶作のため、やむを得ず土地を手放し刈谷町で商売を始め生計を立てようと考えたのである。こうした人口の流入や新規開業の店が増えた刈谷町では、「六斎市」が月に六日開かれ、町並みの広がりとともに、正木通平《まさきつうへい》が新しい道「正木新道」を開き、ここでも市が立てられた。領内の農村が疲弊していく中で、刈谷町は全国的な貨幣経済の波に乗ったことも幸いし、商業が発達し賑わいをみせるようになった。

## 安政東南海地震

江戸時代末期の安政年間（一八五四～一八六〇）には巨大地震が相次いだ。嘉永

明治初期の建物が残る町口門前の賑わい。道を左折すると大手門へ、真っ直ぐに進むと正木新道へ繋がる。（個人蔵）

七年（一八五四／十一月二十七日に安政と改元）十一月四日午前九時頃、遠州灘《えんしゅうなだ》沖を震源とするマグニチュード八・四の地震が起こり、次いで翌五日午後五時頃に紀伊水道沖で同規模の南海地震が発生した。さらに七日午前十時頃には伊予灘でマグニチュード七・四の地震が発生し、この三度の地震によって房総《ぼうそう》半島から土佐《とさ》まで津波が押し寄せ、東海道宿を中心に火災が発生し、死者二六〇〇人余り、全壊・流出・焼失家屋は八万軒余りにのぼった。

一度目の十一月四日の地震は、刈谷藩にも大きな被害をもたらした。藩の御典医であり藩主の侍講を務めた村上忠順《ただまさ》の記録を見ると、「家倒・塀倒・石灯籠くだけ・山さけ・海潮いかり・田畠高下互いに替り、青泥を吹出す」という状況で、翌日になると余震が数度あったのち、夕方に南海地震が発生したために人々の不安は募り、藪に小屋を作って終夜泣き明かしたという。しかもこの間に所々に強盗が押し入り金銀衣服を奪い去る事件が多発した。六日になっても津波と余震が数十度あり、翌年になっても収まることがなかった。刈谷町では地震除けの祭りを行い、市原稲荷神社へ釣灯籠を奉納し、笛や太鼓で安全を祈願した。

刈谷城は石垣や町口門の石垣が崩れ、大手門は二尺ほど北へずれ、見付《みつけ》番所は半壊し、藩主の御殿や家中の家々が全壊または半壊となり、藩主土井利善《としよし》は仮御殿に移った。城の南門は堀の中へ崩落し、収納されていた貯蔵米三千石ばかりが水の中へ入ってしまったという。領内では刈谷町の被害が最も大きかったようで、

**安政東南海地震による領内被害状況**

| | | |
|---|---|---|
| 家屋 | 全壊 | 45軒 |
| | 半壊 | 67軒 |
| 物置小屋 | 全壊 | 29軒 |
| 神社 | 大破 | 1カ所 |
| 寺 | 本堂全壊又は大破 | 4カ所 |
| | 庫裏半壊 | 2カ所 |
| | 門潰れ | 3カ所 |
| | 堂潰れ | 6カ所 |
| | 太鼓堂潰れ | 1カ所 |
| | 物置小屋 | 2カ所 |
| 堤の崩れ又は破損　のべ3817間半（約7キロメートル） | | |

道路は幅三・四寸以上の地割れが起こり、橋も崩落あるいは破損し、領内の通行もままならない状況であった。

この惨状に刈谷町の有力商人太田平右衛門ら一二人が動き、白米八石を施米《せまい》として町内の被災者一二一六名に配っている。幕府からも拝借金★が渡され、刈谷藩は二〇〇〇両を借りて復興にあたった。

▼拝借金
不時の入用の際、幕府から諸大名・旗本・寺社などへ貸し付けられるお金。

## 安政元年の余震

| 月　日 | 時 | |
|---|---|---|
| 11月4日 | 5ツ半 | 大地震 |
| | 朝より夜 | 13度地震 |
| 5日 | 昼7ツ時過 | 大地震 |
| | 暮6ツ時 | 〃 |
| 6日 | 昨夕より夜中 | 4～5度地震 |
| | 朝6ツ半 | 地震 |
| 7日 | 暮6ツ時 | 〃 |
| 9日 | 夜 | 小地震数度 |
| 10日 | 昼夜 | 小地震 |
| 11日 | | 小地震3～4度 |
| 12日 | 朝 | 小地震 |
| | 晩 | 1度地震 |
| 14日 | 夜 | 2～3度地震 |
| 15日 | 夜5ツ時 | 地震 |
| | 夜8ツ半時 | 〃 |
| 17日 | 5ツ時 | 〃 |
| | 4ツ時 | 〃 |
| 11月19日 | 夜8ツ時 | 地震 |
| 21日 | 〃 | 〃 |
| 22日 | 夜9ツ時 | 〃 |
| 25日 | | 2度地震 |
| | 4ツ半時 | 地震 |
| 26日 | 5ツ時 | 〃 |
| 29日 | 夜8ツ時 | 〃 |
| 12月1日 | 朝6ツ時 | 〃 |
| 4日 | 夜前 | 4～5度地震 |
| | 暁7ツ時 | 地震 |
| 5日 | 夜 | 〃 |
| 7日 | 夜9ツ時過 | 地震度々 |
| 12日 | | 4～5度地震 |
| 19日 | 夜 | 地震 |
| 22日 | 〃 | 〃 |
| 24日 | 夜前8ツ時 | 〃 |

（『刈谷市史』第二巻近世を元に作成）

# これも刈谷

# 刈谷の人物①

## 俳人　中島秋挙《しゅうきょ》（一七七三〜一八二六）

安永二年（一七七三）、刈谷藩士中島左《さ》守《もり》の長男として熊村（刈谷市熊町）に生まれる。松尾芭蕉に傾倒し、享和二年（一八〇二）、三十歳にして致仕し、剃髪して俳諧の道に入った。名古屋の俳人井上士朗に師事し、文化年間から全国を旅して芭蕉の流れを汲む俳諧の道を継承した。著作は『惟然坊《いねんぼう》句集』『枇杷園《びわえん》句集後編下巻』『朱《しゅ》樹翁《じゅそう》終焉記』『秋挙句稿』などのほか、没後に秋挙の高弟だった鶴見東雅《つるみとうが》がまとめた『曙庵句集』がある。秋挙が交友した人々に、岡崎の紺屋商鶴田卓池《つるたたくち》、俳社「酔月社」を結成した板倉塞馬《いたくらさいば》、八橋無量寿寺の兼子宜彦《かねこぎげん》、刈谷藩侍医宍戸方鼎《ししどほうてい》、のち明治用水開削に尽力した都築弥厚などがいる。

中島秋挙の墓（十念寺）

## 国学者　村上忠順《ただまさ》（一八一二〜一八八四）

文化九年（一八一二）、堤村（豊田市）生まれ。七、八歳の頃から名古屋に出て国学・和歌を学ぶ。嘉永六年（一八五三）、父の跡を継いで刈谷藩御典医となる。藩医の傍ら、藩主土井利善に講義や和歌の指導をしていた。藩の御典医という立場上、表立って勤皇活動に奔走することはなかったが、幕府の追求から逃れてきた志士たちを匿うなど、影で支援した。明治元年（一八六八）三月、有栖川宮《ありすがわのみや》の命を受けて東征軍に加わり江戸へ従行し、その縁から明治政府へ出仕を命じられたが、辞して国学研究や作歌に専念した。著書に『類題玉藻《たまも》集』『類題三河歌集』『古事記評註』『評註古語拾遺』等がある。自身が蒐集した二万五〇〇〇冊もの膨大な書籍は現在、刈谷市中央図書館村上文庫に保存されている。

村上忠順肖像

## 志士　佐々木市兵衛（一八三三〜一八七二）

天保四年（一八三三）、築地村（刈谷市築地町）に生まれる。貧しい家ながら誓願

佐々木市兵衛の墓
（刈谷市築地町）

寺住職小林大道《たいどう》や藩士山田鈴之進について文武を学んだ。慶応三年（一八六七）七月、倒幕派公卿鷲尾隆聚《わしのおたかつむ》による挙兵計画を聞いて同志数名と共に上京、陸援隊に加わり高野山から大坂へと進軍した。のち帰藩して藩主土井利教より二人扶持、士分の待遇を与えられた。明治四年（一八七一）、伊勢神宮が東京へ移される噂を聞いた者たちが度会県（※）と神社司庁へ神宮守護を訴え出たところ、その行動を誤解され捕えられた（伊勢神宮動座反対運動）。これに投じる予定であった佐々木も捕えられ、京都六角獄中で病死した。「憂国忘躬《ゆうこくぼうきゅう》」（国を憂い躬《み》を忘る）は佐々木の顕彰碑に刻まれた言葉で、陸軍中将仙波太郎による。

※度会県（わたらいけん）は慶応四年に設置された県で、現在の三重県。

**竹細工師　竹中理吉《りきち》（一八三八～一九一〇）**

天保九年（一八三八）、遠江国浜名郡植松村（浜松市）生まれ。酒造や農業をしていたが、刈谷へ移住し竹細工工芸に取り組む。籠細工のほか提灯《ちょうちん》や傘、幟《のぼり》の文字入れ等にも秀で、刈谷藩主の命によって細工方となり数々の秀品を生みだし、苗字帯刀を許され俸禄を受けた。籠理喜《かごりき》の異名で知られ、竹鳳軒雅遊《ちくほうけんがゆう》と号した。万燈祭で使われていた箱型の箱万燈を、繊細な細工と色彩豊かなものへ改良し、それが現在の高い芸術性を誇る万燈の姿になった。華道にも優れ、明治以後は池坊流を極め大日本生花総会頭まで務める。明治四十三年（一九一〇）、理吉が病で臥すと、数百人の門人たちが理吉の功績を世に残すために碑石を大悟寺に建立した。

晩年の竹中理吉

**自由民権運動の魁　内藤魯一《ろいち》（一八四六～一九一一）**

弘化三年（一八四六）、福島藩家老の家に生まれる。重原藩成立とともに重原へ移り、藩大参事として藩政を執り、廃藩後は士族の授産に努めた。明治十二年（一八七九）、旧重原藩士を中心として民権運動を興し、三河交親社を結成した。同十四年、自由党結成とともに幹事に就任し、各政社に先駆けて「日本憲法見込案」を国会期成同盟へ提出した。岐阜で板垣退助を襲った刺客を投げ飛ばして、危機を救った事でも知られる。加波山《かばさん》事件に連座して二年の獄中生活を送ったが、のち、四期にわたって愛知県会議員を務め、明治用水整備事業や名古屋築港開設などに尽力した。同三十八年、衆議院議員に初当選し、同四十四年、現職のまま六十六歳で死去した。

内藤魯一

## 明治の画匠　澤梅谷《ばいこく》（一八六一〜一九二八）

文久元年（一八六一）、刈谷藩大監察澤俊盛の子に生まれ、名を理喜三郎という。梅谷は画号。澤家は利勝公の時代から土井家に仕えてきた古参の家臣で、初代澤俊盛の夫人の姪である松花院は土井利勝の側室である。梅谷は若い頃から画道を志し、半田の山本梅荘《ばいそう》に南宗画の指導を受け、のち、東京に出て瀧和亭《たきかてい》に師事した。明清の古画の風景画や花鳥、動植物、仏画の写生に研鑽し、優れた作品を多く残している。梅谷の画は、筆法繊細・色調高尚といわれ、特に釈迦涅槃画像は三十年かけた傑作。刈谷の風景・社寺・年中行事等の画は、刈谷藩土井家十三代忠直の命によって写生したもので、旧藩時代から明治期の刈谷の様子が分かる貴重な資料となっている。

澤梅谷（個人蔵）

## フェライトの父　加藤与五郎（一八七二〜一九六七）

明治五年（一八七二）、野田村（刈谷市野田町）の農家の生まれ。小学校を卒業してすぐに教員試験に合格し、十五歳にして小学校の教壇に立つ。同二十六年、同志社ハリス理化学校（現在の同志社大学）、京都帝国大学（現在の京都大学）で化学を学ぶ。京都帝国大学在籍中にアメリカ・マサチューセッツ工科大学のノイス教授と出会い、その招きによって渡米し電気化学を研究。昭和四年（一九二九）、東京工業大学教授となり、翌年、助教授の武井武《たけいたけし》と共同研究でフェライトを発明する。フェライトは斎藤憲三《さいとうけんぞう》によって企業化され東京電気化学工業株式会社（現在のＴＤＫ）が設立され、与五郎の教え子であった山崎貞一《やまざきていいち》により生産の工業化が実現した。加藤与五郎は世界的な三大発明といわれるフェライト製コア・磁石・アルミナを発明したことから「日本のエジソン」「フェライトの父」と称され、同三十二年に文化功労者に選ばれ、同三十九年に勲二等旭日重光章《きょくじつじゅうこうしょう》を受章した。

加藤与五郎

※フェライトとは酸化鉄を主成分にコバルト・ニッケル・マンガンなどを混合焼結した電子素材で、テレビ・パソコン・自動車・電子レンジ・冷蔵庫など多岐に使用される。

### 加藤与五郎語録

- 心清らかにして創意成る。精神の統一集中と絶えざる努力こそ創造のできる人間の要素である。
- 学問は人から教えてもらうものでない。自分からさがし求めるものである。
- 病気又は失敗の原因を考えよ。

・木静まらんと欲すれども風やまず、子養わんと欲すれども親待たず。

### 棋界の旭将軍　鈴木為次郎（一八八三～一九六〇）

明治十六年（一八八三）、刈谷町寺横生まれ。十一歳で囲碁を覚え、十三歳で神童と呼ばれる。考えだすと周りが見えなくなる気質で、医師を志し第一高等学校（現在の東京大学）受験予定のところ碁に熱中しすぎて願書を出し忘れたり、歩いていて電柱や馬にぶつかって謝ったりするなどのエピソードは多い。二十歳で巌崎健造《いわさきけんぞう》の弟子になり、西日本を巡遊して勝ち続け「旭将軍」の異名をとり棋界で恐れられた。三十二歳の時、囲碁勝負で一〇人抜きをして勇退。実業家を志しインドネシアでゴム園を経営するが、価格の大暴落やインドネシアの内戦で全財産を没収されるなどで事業は頓挫した。昭和元年（一九二五）、四十三歳で日本棋院《きいん》より七段を受ける。最後の長考棋士といわれ、一局に三日と十六時間かけたこともあった。当時十二歳だった木谷《きたに》実《みのる》棋聖の才を見出し育て上げた。六十歳で八段を、七十五歳で名誉九段を受け、昭和三十五年、七十八歳で紫綬褒章《しじゅほうしょう》を受章。著書に『囲碁獨習』『囲碁大辞典全三巻』『囲碁指南』『囲碁布陣戦術秘鍵』など多数がある。没後五十年にあたる平成二十二年（二〇一〇）から刈谷市で「鈴木為次郎カップ西三河高校囲碁選手権」が定期開催されている。

鈴木為次郎

### トヨタの大番頭　石田退三（一八八八～一九七九）

明治二十一年（一八八八）、愛知県知多郡小鈴谷村（常滑市）の沢田家に生まれる。滋賀県立第一中学校を卒業し明治四十一年、商売人を志して京都の西洋家具店「河瀬商店」へ入社。商才を発揮して大阪支店を開店させ、支店長としてセールス・資金管理等の経営を身に付け、その後、石田家へ養子に入り店を辞めた後、大正四年（一九一五）、名古屋の服部商店へ就職した。社長の服部兼三郎は豊田佐吉の後援者であり、ここで豊田佐吉と出会った。

昭和二年（一九二七）、豊田紡織株式会社へ入社、本社営業部や監査役、取締役を経て同二十三年、豊田自動織機製作所社長に就任。終戦後、財政金融引き締め政策によってトヨタ自動車工業が倒産の危機に瀕すると、豊田喜一郎の後を受けトヨタ自動車工業株式会社社長となり、朝鮮特需を逃

石田退三（石田退三記念財団蔵）

さずトラックやジープ等の受注を取りつけるなど、僅か一年で経営再建を果たした。

退三は「トヨタ中興の祖」「トヨタの大番頭」と称され、同三十二年、刈谷市名誉市民、藍綬《らんじゅ》褒章を、翌年に紺綬《こんじゅ》褒章を受章、従三位に叙せられた。

刈谷市に設定された「石田科学賞」は理科や科学の振興に役立てられ、「石田退三記念財団（同市）」は、児童・生徒を対象に理科や工作・スポーツ等の様々な振興事業を支援している。

**石田語録**

- 自分の城は自分で守れ。
- 仕事は自分のためだ。勝負は自分自身のことだ。世間さまのご同情を一緒に巻き添えにして勝負するのではない。
- 人生すべては勝負である。勝負のすべては闘志と努力である。
- 決断を急げ、何もせずにぐずぐずしているのが、いちばん悪い。
- ワキ役でつとめよ。人間は何事にも、出番を待つ間の修業が大切である。そうして、あせらず、おこたらず、しかもいつ出番が来てもよろしいように用意万端をととのえておかねばならぬ。

### 童画家　河目悌二《かわめていじ》（一八八九〜一九五八）

明治二十二年（一八八九）、刈谷町生まれ。幼い頃から絵を描くことが好きで、愛知県立第二中学校（現在の岡崎高等学校）を卒業して東京美術学校（現在の東京芸術大学）に入学。平澤文吉、川上四郎らと出会う。大正四年（一九一五）、二十六歳で絵雑誌「トモダチ」（二葉社）に挿し絵を描くようになり、同九年、小林商店（現在のライオン株式会社）に入社し広告部図案係に配属され、博覧会の会場装飾や広告図案などを幅広く手掛けた。一方で童画家として『良友』（コドモ社）の表紙絵や『幼年倶楽部』（大日本雄弁会講談社）、『子供之友』（婦人之友社）、『観察絵本キンダーブック』（フレーベル館）など数々の幼児・少年向け雑誌の挿し絵を描くなど人気を博した。

河目悌二（刈谷市美術館提供）

### 書誌学者　森銑三《せんぞう》（一八九五〜一九八五）

明治二十八年（一八九五）、刈谷町生まれ。大の本好きで刈谷町立図書館の開館にあたって整理員となり、大正五年（一九一六）から約二年をかけて村上忠順の蔵書約二万五〇〇〇冊を整理し「村上文庫目録」をまとめた。同十四年、文部省図書館講習所に入学、翌年に東京帝国大学史料編纂所

森銑三

に入り、図書の整理に尽力した。古書肆《こしょし》弘文荘（※）や尾張徳川家の蓬左《ほうさ》文庫で勤務のかたわら近世人物史研究を行い、数々の著作を世に出した。研究対象者は約一〇〇〇人に及ぶ。生前に著作集一三冊が、没後には続編一七冊が刊行されている。

「読むことと書くこと」が銑三の生涯であったといわれるほど、古文書などの一次資料を徹底的に調べ尽くす姿勢を貫いた。ほぼ独学で膨大な研究を成し、「在野の巨人」と評され、文豪永井荷風をして「森さんこそ真の学者である」と言わしめた。

※弘文荘は反町茂雄が設立した古書籍の目録販売店。

### 児童文学作家　森三郎（一九一一〜一九九三）

明治四十四年（一九一一）、刈谷町生まれ。森銑三の弟。七歳の時に児童雑誌「赤い鳥」に触れてから児童文学に夢中になり、亀城尋常高等小学校在籍中から数々の童話を執筆し、雑誌に掲載された。十四歳で上京し、川上児童楽劇団に入る。昭和六年（一九三一）、二十歳の時に「赤い鳥」に作品が採用され、創刊者鈴木三重吉から手紙を貰《もら》ったことを機に、翌年、赤い鳥社へ編集記者として入社。童話・童謡の執筆活動に邁進した。戦後は刈谷へ戻り、亡くなる直前まで童話を書き続け、その数は約三〇〇編にのぼる。代表的な作品は、『昔の笑い話』『かささぎ物語』『うぐいすの謡』『幼年童話集　帽子に化けたクロネコ』等々。刈谷市では平成二十二年（二〇一〇）から「森三郎童話賞」を設け、童話作品を全国募集している。

森三郎

### VHS生みの親　高野鎮雄《しずお》（一九二三〜一九九二）

大正十二年（一九二三）、依佐美村（安城市）生まれ。旧制刈谷中学校（現在の愛知県立刈谷高等学校）、浜松高等工業学校（現在の静岡大学工学部）を卒業し、昭和二十一年（一九四六）、日本ビクターに入社。ビデオ事業部長として家庭用テープレコーダーVHS（ビデオホームシステム）の開発を手掛ける。当時、ソニーのベータマックスが主流になりつつある中で、より品質の高いVHSを開発し世界規格へと押し上げた。高野は「ミスターVHS」の異名で知られ、同六十一年、副社長に就任。アメリカのテレビ芸術科学アカデミーよりエミー賞を受賞したほか、平成元年（一九八九）、藍綬褒章を受章。

高野鎮雄（株式会社JVCケンウッド蔵）

# 第五章 正徳期以後の刈谷藩

三浦家の次に土井家が入封。財政の立て直しと領内での一揆勃発に揺れる藩政。

# ① 三浦家の時代

遠く九州は日向国延岡藩から転封してきた三浦家は、三代で三十五年間、刈谷を治めた。

財政難に悩まされ、厳しい年貢取り立てが領内を疲弊させ一揆が起きる。

刈谷町の庄屋の記録『刈谷町庄屋留帳』から統治や領民の生活の厳しさが浮かび上がる。

## 三浦明敬の入封

三浦家は三河国と縁深い家柄である。三浦明敬《あきひろ》より三代前の正重《まさしげ》は碧海郡重原庄の地下人《じげ》★で、土井利昌《としまさ》の娘を妻としている。嫡男正次《まさつぐ》も重原生まれで、のち、江戸へ出て土井利昌の子利勝のもとで成長した。

土井利勝は、家康の叔父であり於大の異母兄である水野信元の三男である。信元が佐久間信盛の讒言により殺されると、土井利昌の養子となった。しかしその出自は不明な点が多く、信元三男説以外に土井利昌の実子、あるいは家康の落胤《らくいん》などともいわれる。幼い頃から家康に可愛がられていたようで、天正七年（一五七九）、七歳で秀忠の側近となって以後、秀忠・家光の老中を務め幕閣の最高権力者として政治手腕を発揮した。

▼地下人
近世初期の在地の土豪層。

三浦家家紋
（丸に三つ引両）

利勝の甥である三浦正次は、慶長十二年（一六〇七）、九歳で家康・秀忠に拝謁し、この時から四歳の家光に仕えた。利勝の力添えもあってか、元和四年（一六一八）、下総国矢作領七百八十石を与えられたことから始まって、小姓組頭、書院番組頭、家光の「幕閣六人衆」に名を連ね、加えて何度かの領地加増があり、最終的に寛永十六年（一六三九）には下野国壬生《みぶ》藩（栃木県下都賀郡）二万五千石の藩主となっている。

正次の嫡男安次《やすつぐ》の時代を経て、その嫡男明敬も奏者番《そうじゃばん》、若年寄と幕府の要職を務め、元禄五年（一六九二）日向国延岡藩へ転封となった。前藩主有馬清純《ありまきよすみ》時代の元禄三年に起こった山陰《やまげ》一揆★で荒廃した藩の立て直しを図るためであり、南九

**▼山陰一揆**
元禄三年（一六九〇）に延岡藩で起こった百姓一揆。郡代梶田十郎左衛門の仕置方への不満から領内の百姓約一五〇〇人が隣藩に逃散した。百姓と藩の対立闘争は十一カ月にも及び、幕府が介入し評定所の裁決となった。結果、減税になったものの百姓側首謀者の処刑・郡代の追放・藩主有馬清純の越後国糸魚川藩への転封が行われた。

## 三浦家略系図

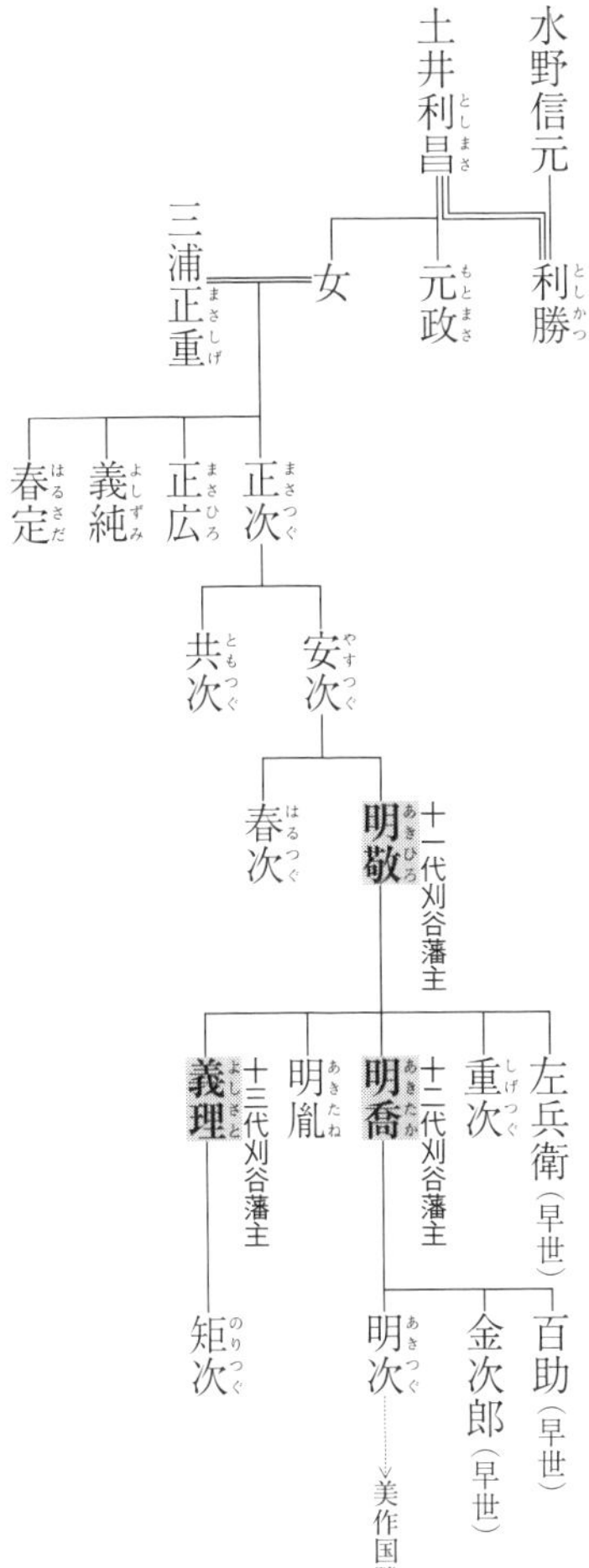

州に譜代大名が初めて配置されたことを考えると、幕府は明敬の政治手腕に相当な期待をしていたと考えられる。実際、明敬は延岡藩主時代二十年間で、藩政の修復、隣国との国境紛争等の解決に功績をあげている。

正徳二年（一七一二）、五十五歳で刈谷藩（二万三千石）へ入封した。享保八年（一七二三）に六十六歳で奏者番を辞し、ついで翌年には三男明喬《あきたか》へ家督を譲って隠居し、翌年三月に死去した。明敬の刈谷での治政は、相次ぐ自然災害への対応と、それによる領民の暮らしの困窮・財政難という厳しい期間でもあった。

明喬は、元禄二年（一六八九）生まれで、十一歳で将軍綱吉に謁見し、同十六年に従五位下備後守に叙任された。嫡男・二男と早世したために三十六歳で家督を継いだ三男明喬は、家中の引き締めを図った。

その条目は「三浦家文書」によると、「諸奉公人、安楽を好み我意を立て、連々家風悪敷く成行き候」「平成、武備の心懸けなく女わらべのごとく成行き候」「君父の礼儀も忠孝もわきまへず、勤方までおろそかに成行き候」等とあり、その上で、倹約第一・志を改めて奉公する事・士道に則《のっと》り万事慎み、虚言《きょげん》のない様に心掛ける事などを言い渡しており、家中の風紀や奉公の心構えが乱れてきたことをうかがわせる。しかし明喬は治世僅か二年のみで、享保十一年（一七二六）四月、三十八歳で死去した。しかも明喬の嫡男・二男ともに早世しており、三男明次（政五郎）は生まれたばかりであったため、明敬の五男義理《よしさと》が家督を継いで

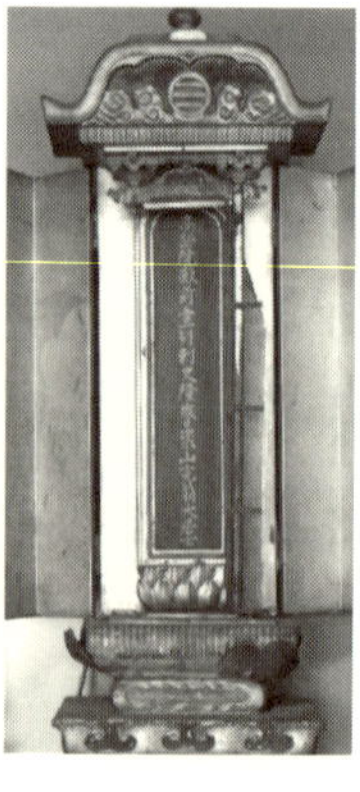
乗願寺にある三浦明喬の位牌（刈谷市今岡町）

藩主となった。

三浦義理は、元禄九年（一六九六）、延岡生まれである。三十一歳で家督を継ぎ、将軍吉宗《よしむね》に謁見し、従五位下志摩守に叙任された。延享元年（一七四四）に四十九歳で奏者番、ついで翌年に西の丸若年寄に就任し、寛延二年（一七四九）、病で職を辞すまで務めた。

## 悪化する財政

三浦氏の治政から、刈谷藩は財政の悪化が目立ち始める。延岡で発揮した政治手腕とは裏腹に、藩財政の立て直しは明敬にとっても、どうにも出来なかったようだ。遠く延岡藩からの引っ越し費用がかさんだこともあって、過酷な年貢取立てにつながってくる。しかし財政難は幕府を筆頭に全国諸藩共通の課題であった。米の収穫高を社会体制の基本とする石高制《こくだかせい》が、発達する経済に合わなくなり始めていた。江戸・大坂・京の三都を中心に全国経済が発達し、藩では、武士という消費者が集まる城下町に藩経済が集中し、米価変動に連動していた諸色《しょしき》の値段が徐々に関連性を失い、米価経済から貨幣経済へと変わっていく。物価の基準であった米価は下落し、一方で諸色の値が上がる「米価安の諸色高」となっていたことに加えて、生活向上や文化の発展などにより、米の生産に頼る財政、封建

野田八幡宮の湯立神事に寄進された釜で、「天文6年正月吉日　三浦志摩守忠次」と刻まれている。（野田資料館蔵）

経済は行き詰まりを迎えていた。

享保元年（一七一六）に将軍家継《いえつぐ》が没し、八代将軍に就任した吉宗は、こういった諸問題を解決するため、享保の改革を断行したことで知られる。米を中心とする農作物の生産力は伸び悩んでおり、旗本・御家人の生活は困窮し続け、生産者である百姓にかけられる年貢率は徐々に厳しくなっていた。吉宗は、幕府領の増加を図る一方、享保七年に「上米令《あげまい》★」を発布した。これは財政難に喘《あえ》ぐ藩にとって厳しいものであった。

このような背景もあった上、三浦家が正徳二年（一七一二）に入封して以後も、幕府からの御用が相次いだ。

享保二年は、将軍交代時恒例の巡見使《じゅんけんし》が江戸から派遣された。これは全国の幕府領・藩領を隈なく巡見し、領主の仕置の善悪を監督し領内を監察した上で幕府へ報告するもので、各領地ともにその受け入れ準備は大変なものがあった。

刈谷藩でも橋・道路の改修は勿論のこと、到着前には道を清掃して水打ちをし、通行筋にあたる家並みには新しい手桶や箒が揃えられた。巡見使の質問への答弁の打ち合わせも事前に入念に行われ、滞在中の接待には細かな気を配った。

郡奉行と代官は小垣江村の猿渡川で巡見使を迎え、橋を渡って領内へ案内した。今も残る「巡見橋」の名称は、これに由来する。

享保三年には、和歌山から江戸へ移る徳川吉宗の生母浄円院の通行や日光門跡

▼上米令
諸藩に一万石につき百石の割合で課した献上米。

刈谷市中川町から小垣江町に架かる「巡見橋」

の上京、楽人衆《がくにんしゅう》の東下《とうか》、享保四年には朝鮮通信使★来朝があり、東海道を有する刈谷藩では、その都度、御用負担が藩財政と領民に重く圧し掛かった。

## 刈谷町庄屋留帳

財政を圧迫する中で、年貢徴収は厳しさを増すようになる。刈谷には宝永七年（一七一〇）から明治八年（一八七五）までの約百六十年間、刈谷町の庄屋が年番《ねんばん》で藩との往復文書を書きとめた『御触状留帳（刈谷町庄屋留帳）』が残っている。これほどの長期間分が現存するのは全国的にも珍しく貴重な資料である。途中欠落している年もあるが、毎日のように庄屋へ伝えられる藩役所からのあらゆる命令や催促が記録されており、藩政、庶民生活のあり様だけでなく、庄屋が上意下達、下意上達に苦心した様が浮かび上がる。

享保年間（一七一六〜一七三六）から領民は、期日通りに年貢を納められないばかりか、金肥《きんぴ》★や白魚漁の網代を借りても返せない状態であった。藩からは不納米上納の催促が相次ぎ、享保四年十二月二十五日に至っては「埒《らち》明き申さぬ者は、なべかま成り共取上げ、何之道埒よき様に吟味を詰め申さるべく候」とあり、年貢を納めない者については、家の鍋釜などを取り上げた上で、どうするべきか問いただすという、藩役人からの強い言い渡しがなされたほどであった。

▼朝鮮通信使
朝鮮国王が国書や進物をもって将軍に派遣した外交使節団で、両国の政情をうかがい和平を保つためのものである。室町幕府で三回、豊臣政権で二回、江戸幕府で一二回来日した。人員は、正使・副使・従事官・堂上訳官などをはじめ、膨大な人数で構成される。一行は対馬藩の迎えを受けた後、瀬戸内海を通って大坂から御座船で淀川を遡り京都に入り、東海道を江戸へ下った。海路・陸路の移動手段・安全対策・饗応などは全て諸大名の負担であり、莫大な出費が強いられた。一方で、学者・文人の交流が盛んに行われ、朝鮮文化を学び採り入れる機会にもなった。

▼金肥
代金を払って購入する肥料。毎年藩から肥料代を借りて稲作をし、一定の利息を付けて返済する。

享保八年になっても状況は変わらず、前年分の年貢不納、あるいは未進の村が相次いだ。刈谷町の坂右衛門という人物は、六月十四日付で、「年貢不納分について困窮し、自分の家を売り払って上納しようとしたが売却出来なかったので、間口四間のみ残してあとは崩して売り、それで年貢を納めるので待ってもらいたい」との訴えを出している。

幕府財政の悪化とともに藩財政、藩士の生活は困窮し、領民の負担増となる中で、年々、年貢の不納または未進が増え、それに対する取り立てが繰り返されていく。それればかりか、享保十六年に至っては、藩が毎年村々へ利息付きで貸している肥料代を藩が全額用意出来ない有様が記されている。村の要望する二〇〇両に対して一七〇両は用意して貸したものの財政が底をつき、「残り三〇両はお金が出来次第」とあり、非常に苦しい財政状況をうかがわせる。

そしてついに享保年間終わり頃から、余所《よそ》へ奉公に出たまま帰村しない欠落人《かけおち》が目立ち始める。刈谷町内で家をたたむ者も多くなり、特に元文元年（一七三六）には、庄屋から郡奉行へ報告した文書で、「家並み必止（必至）と潰れ申す者ばかりに御座候て甚だ難儀仕り候」とあり、売り家は多いのに買い手がつかずに空家が増え、城下町といえども閑散とし、農村地域だけでなく、城下町の商人層までも生活に困窮してきたことがうかがえる。

毎年の年貢だけではやっていけず、先納金を上納させることが相次ぎ、酒造業

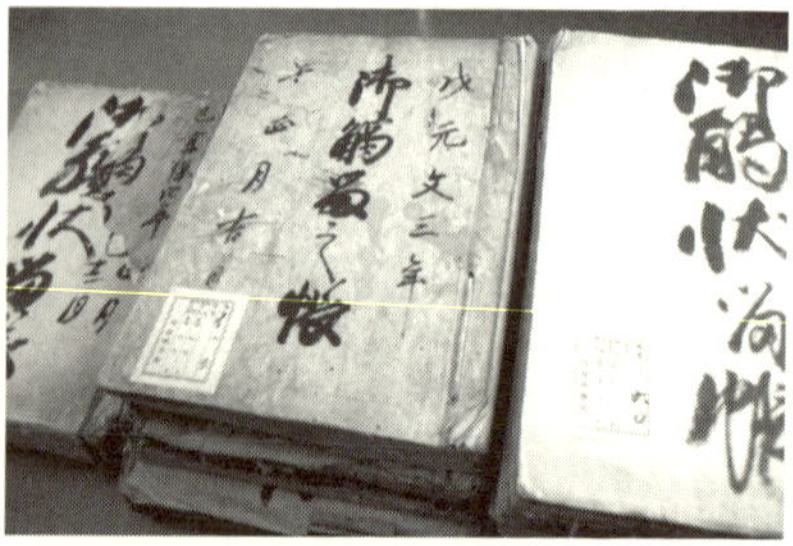

160年余にわたって当時の状況が書きとめられている「御触状留帳」。『刈谷町庄屋留帳』全二十巻にまとめられている。
（刈谷市中央図書館「村上文庫」蔵）

を生業《なりわい》として栄え藩の御用金を度々用立ててきた豪商鴻池家が、借金の返済に困り商売道具や家財道具を売り払って身代を潰すなど、豪商といえども藩財政を支えた挙げ句に疲弊した例もある。

## 元文一揆の勃発

享保二十年（一七三五）秋、逼迫する財政難の打開策として、領内の総検見が行われた。元文三年（一七三八）七月に、新しい目付格郡代役人に勾坂《さきさか》久米右衛門が赴任し、改めて立毛検見《たちげけみ》★を行うことを領内に申し渡したのである。

検見をするにあたって領民へ次の内容が言い渡された。

一、村方で合毛附内見《ごうげつきないみ》★をすること

一、坪検見★を行うにあたり、面積の過不足や間違いがあれば名主・組頭の過失とすること

一、本田の内《うち》、従来より低い免《めん》になっている田の字名《あざな》・面積・生産高を申告すること。

一、畑田成《はたたなり》★・本田・新田・切添《きりそえ》★・永荒起返《えいあれおきかえり》★についても年貢を課すこと。

一、検見役人が宿泊又は休憩する名主宅へ百姓が大勢集まってはならない。

▼立毛検見
農作物の成育状況を見て、その年の年貢を決定する方法。

▼合毛附内見
一筆ごとに等級を決めることを合毛・合毛附といい、役人の内見の時に村方が田一筆ごとの籾の量を計り収穫量を調べる方法。

▼坪検見
事前に役人が村内の状況を下調べし、収穫量を概算すること。

▼畑田成
畑から作り変えた田。

▼切添
既存の耕作地の隣接地を開墾した田。

▼永荒起返
自然災害で長年荒廃したままの田畑を再開発した田。

これに対して八月十七日、領民側は、合毛附の免除、元免《もとめん》★に引き合わない出来の悪い田についての検見免除・収穫がない年でも定免《じょうめん》★の通り納めてきた山田や天水場《てんすいば》★の検見免除を求めた。これらが聞き入れられるということで落ち着いたかにみえたが、藩は九月十五日に突然の人事異動を発表し、それまでの郡奉行二名を罷免し、新たに佐藤三太夫《さとうさんだゆう》・酒井善兵衛・勾坂久米右衛門の三名を任命し、領民の嘆願を入れない中で検見を強行した。

しかも十月になって、免除を求めた山田、天水場の田にまで検見が実施されることになり、領民側は再度免除を願い出た。十月二日に「御百姓精力を以て作り仕り候、畏れながら御慈悲を以て前々通り、御定免に成し下され候様願い上げ候」と、不自由な場所に苦労しながら開墾し稲作をしてきた収穫分を守りたい、しかも定免に据え置いてもらえるなら城下の四カ村（刈谷町・元刈谷村・熊村・高津波村）で以後三年間、年に米二五俵を上納する条件まで出した。

これに対しての解決策が示されなかったのか、十月四日、藩内四一カ村の領民は、ついに検見中止を求めて城下近辺に押し寄せ、出訴《しゅっそ》に及んだ。

規模、人数ははっきりしないが、藩の対応は素早かったようだ。勾坂ら新役人三名を呼び出すと、家老戸村惣《そう》右《え》衛門《もん》が事態の収拾にあたった。領民が集合している現場に役人を派遣して領民達の願書を受け取らせて吟味し、その日のうちに領民を解散させると、翌日藩は、領民の要求を入れ、検見中止、三名の新任郡奉

▼元免
本来の租率。

▼定免
豊凶にかかわらず定率で年貢を納める方法。

▼天水場
水利が悪いため、雨水や湧水を溜めて稲作をした土地のこと。

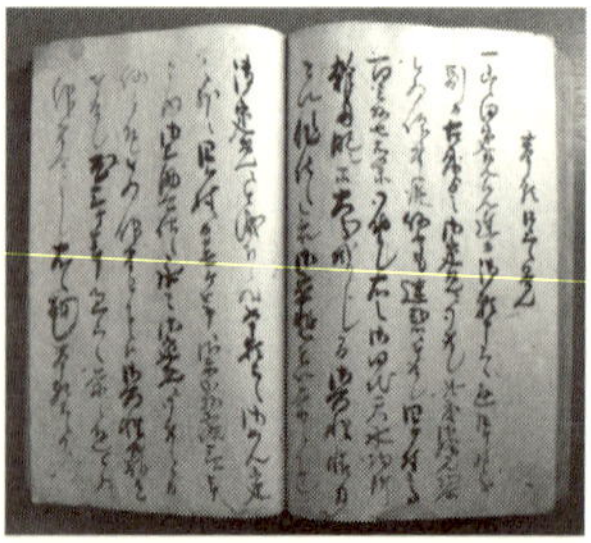

元文３年10月２日の、定免にしてもらいたい旨が書かれた「御触状留帳」の頁。
（刈谷市中央図書館「村上文庫」蔵）

行に逼塞を命じた。しかも新任郡奉行を罷免させる考えは、家老たちによって、領民たちが騒動を起こしそうな兆しがみえるとして、一揆二日前の十月二日、すでに相談され江戸藩邸へ罷免伺いの飛脚がたてられていたのである。これは、領民の暴動を恐れたこと以外に、新任奉行への家老たちの反発があったようだ。

領民を慰撫《いぶ》し、同日早速稲刈りに取り掛かるよう触れを出し、ついで元の郡奉行筑摩猪右衛門《ちくまいえもん》・麻葉新左衛門《あさばしんざえもん》が復役し、暴動化する事態は避けられ騒動は終息した。

その後十一月になって藩は、一定の処分を決定した。領民が庄屋・地方《じかた》役人を指し置いて強訴《ごうそ》に及んだことについて、「我儘なる仕方であり隣国への外聞も甚だ宜しくない」としながらも、「大勢の者を罪科に処すことは不憫《ふびん》であり、御慈悲をもってこの度は御宥免《ゆうめん》とするので今後相慎むように」と申し渡し、当年の年貢は昨年の通りとする、定免の村々は本来の年貢率とするとした。その上で、騒動の科料として米一五〇〇俵を差し出すことを命じたが、領民側は一五〇〇俵についても上納免除を訴え出るという強気な姿勢を示した。

検見による増収が不可能となった藩では、元文五年、領内に一〇〇〇両の先納金を命じた。庄屋・組頭・百姓代★らは、再び暴動になる恐れを抱き小百姓《こびゃくしょう》★に割り付けて負担させることが出来ず、それぞれ所有する田畑や家屋敷を抵当にして郷借《ごうがり》★する有様であった。

▼百姓代
庄屋(名主)・組頭とともに村方三役のひとつ。庄屋・組頭の職務の監視や年貢割り当てなどに立ち会う。

▼小百姓
村役人以外の一般百姓。

▼郷借
村の保証で借金をすること。取り交わされる証文を郷借証文という。

## 借金を背負って転封

元文一揆は、藩の大幅な譲歩・慰撫で小規模で収められたが、藩財政の逼迫が改善されたわけではなく、翌年正月の触れでは領内・家中になお一層の倹約を奨励することを申し渡している。

財政難に追い打ちをかけるように、延享四年（一七四七）二月、三浦義理《よしさと》に、刈谷藩に隣接する西尾藩（西尾市）への転封が命じられた。土井家と交換転封である。三浦家は、領民に先納金・人別御用金年賦を課して引っ越し等にかかる費用を賄《まかな》わなければならなかった。領民へは、これら先納金の返済は今年の暮れに西尾において必ずすること、年賦は毎年返済するので安心するように申し渡して、費用をかき集めた。

しかし年末になって何度か催促をしても三浦家から返済される気配はなく、「土井伊予守家老覚帳」によると、小百姓たちが取り立てのために大勢で西尾藩へ押し掛ける騒ぎが起こった。

庄屋から知らせを受けた刈谷藩土井家は驚いて、願いの筋があるなら一カ村につき百姓代と二、三人程度ずつ出向くように言い渡したが百姓側は納得せず、十二月二十二日、このままでは埒が明かないと、江戸の三浦義理の屋敷へ直訴するとして六〇人ばかりが東海道を下った。岡崎藩は、城下を通過しようとするこの物々しい一行を留め置き、刈谷藩土井家へ知らせたために、土井家では庄屋たちを急いで遣わした。岡崎藩領矢作村の茶屋二軒に留め置かれていた百姓たちを呼び戻し、藩役人と庄屋は岡崎藩郡奉行と二軒の茶屋へ礼にうかがう羽目になった。

返済がなされたかどうかは不明だが、領主の転封先まで領民が押し掛けたこの一件は全国的にも大変珍しい事件で、のち、刈谷藩領の百姓たちは、領主の借用金について「たとえ領地替えなどの事情があろうとも、百姓には迷惑をかけない」という返り証文を取っている。一揆騒動の一連の流れとこのことをみても、領主に対する豪気な強さがみえる。

## ②土井家の入封

延享四年（一七四七）、三浦家と入れ替わりで西尾藩から土井家が入封してくる。
これより廃藩置県までの約一二〇年間、九代にわたって刈谷を治めた。
土井利信の後に迎えた養子は仙台藩主の三男の利徳で、文人大名として風雅な生活を送った。

### 風雅を好んだお殿さま

土井家の祖は、土井利勝である。三浦家の項（一三四頁）で触れたように水野信元の三男とされているが、土井家の系図では徳川家康の子で、天正元年（一五七三）の浜松生まれとなっている。

利勝の三男利長《としなが》が、刈谷藩土井家に繋がる初代になる。寛文三年（一六六三）、西尾藩二万三千石に入封して以後、同藩での治政は利意《としもと》、利庸《としつね》、利信《としのぶ》と四代八十四年にわたった。

利信が西尾藩主となったのは僅か七歳の享保十九年（一七三四）で、前年のイナゴ大発生による飢饉等もあり、藩財政は一五七〇両の負債を抱えていた。そのような状況で、延享四年（一七四七）に刈谷藩へ入封してきたが、刈谷へ来てか

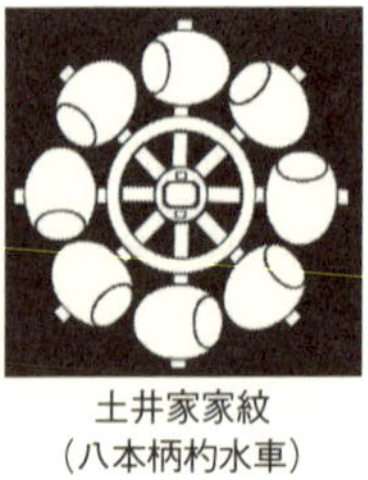
土井家家紋
（八本柄杓水車）

土井利勝肖像
（正定寺蔵）

らも朝鮮通信使の赤坂駅馳走役などの公儀御用があり、財政に問題を抱えたままであった。子は早世したために、第六代仙台藩主伊達宗村《むねむら》の三男を迎えた。土井利徳《としなり》である。利信は、家督を譲って四年後の明和八年（一七七一）、四十四歳で死去した。

陸奥国仙台藩は、伊達政宗を祖とする六十二万石の大藩である。政宗の城下町建設や歴代藩主の積極的な新田開発等により、米どころ仙台平野を中心に実高は百万石ともいわれる。大名の区分としては外様である。親藩や外様大名前田家・島津《しまづ》家に次ぐ格式があり、伊達家は幕府から松平姓を許され将軍の実名の一字を拝領する特権が与えられていた。藩主の官位は陸奥守であることから松平陸奥守家とも呼ばれる。刈谷藩土井家との関わりは、土井利意《としもと》（小田原藩主稲葉正則《いなばまさのり》の七男）の姉仙姫が第四代仙台藩主伊達綱村《つなむら》に嫁いだことから始まる。

利徳の実父第六代藩主伊達宗村は「資性温和にして仁恵あり」という人柄で、学問に精通し傍ら馬術・槍術・剣術・軍術・砲術をも学んだ。病のために三十九歳の若さで亡くなっている。

明和三年に十九歳で土井利信の嗣子となるまでの利徳は、そういう大藩にあって家禄三千石を得ており、水戸徳川家など諸大名と交流しながら和歌・蹴鞠《けまり》・鷹狩・茶道といった風雅の中で過ごしていた。特に好んでいた和歌は、早い時期から弟の正敦《まさあつ》（のち堀田正敦）とともに学んでおり、国学者荷田春満《かだのあずままろ》★の唱える国史研究による復古思想の流れを汲むもので、『万葉集』や『伊勢物語』等の古典に深い関心をもっていたとされる。

明和四年に跡を継いで刈谷藩主となったが、利信の代から続く財政難は益々悪化していったようだ。利徳は江戸と刈谷双方で仙台藩時代と同じように文人趣味を楽しみ続けたことから支出は膨らみ、先納金を度々強いることになり、領民の負担は増大していった。

安永年間（一七七二～一七八一）になると、度重なる先納金の賦課に藩は低姿勢にならざるを得ない状況にまでなる。『刈谷町庄屋留帳』によると、天明三年（一七八三）には公儀お役目として和田倉《わだくら》門番★を仰せ付けられたこと、若殿様の吉事（土井利制の将軍謁見）があることなどを領民へ説明した上で「いずれも勘弁の上、何分この上出精を以て、今暮御用、御間合《おまにあ》い候様、頼入り候」とあり、領民側からの反発に対して藩の立場は非常に弱いものであった。

天明元年（一七八一）から家中の扶助を五年間減額する対策をとり、財政の引き締めを図ったが、同年に滝山寺《たきさんじ》★の修復工事を命じられるなどの幕府の御用が相次いだ。さらに天明の大飢饉の影響もあって藩の財政は悪化する一方であった。

先納金だけでなく年賦金・頼母子・御殿入用《ごてんにゅうよう》・人別御頼金《にんべつおたのみきん》★などと様々な名目で負担を強いたことから、ついに天明四年、領内四二カ村連印で「お殿さまはじ

▼**荷田春満**
一六六九～一七三六。伏見稲荷神社の祠官羽倉家の生まれで、古典や国史研究を深め、国学四大人のひとりに数えられる。

▼**和田倉門番**
江戸城の和田倉門の門番を務める役で、二万～三万石の譜代大名に課せられた。

▼**滝山寺**
愛知県岡崎市滝町にある天台宗の寺院。創建は六〇〇年代で、一時荒廃したこともあったが、熱田大宮司家、鎌倉幕府、足利氏、徳川幕府の庇護を受けてきた。正保元年（一六四四）に徳川家光の命により岡崎城の鬼門にあたる滝山寺境内に滝山東照宮が創建された。日光・久能山と並んで日本三大東照宮と呼ばれる。

▼**人別御頼金**
個人に課した臨時の賦課金。

め、上の方々の物好みの儀（風雅の遊び）について、江戸と国許の役人で相談して取り締まってもらいたい、財政をよくするために倹約に努めてもらいたい」との口上書が出される有様になった。

利徳は在藩期間中に鳩小屋や鞠場を設け、領内に向けて「武芸・遊芸その他何によらず得手なものがある者を報告せよ」「茶会を行うので希望の者は罷り出るように」などの触れを出しているほか、鷹狩や歌会、蹴鞠などに使う品々を上納させている。領民は、そのたびに所望《しょもう》の白八重梅や黄菊の花、南天・棕櫚《しゅろ》の木といったものを集めては納めなければならなかった。

天明五年九月、藩は藩主の入用《にゅうよう》などの財政を公表するとともに倹約案を具体

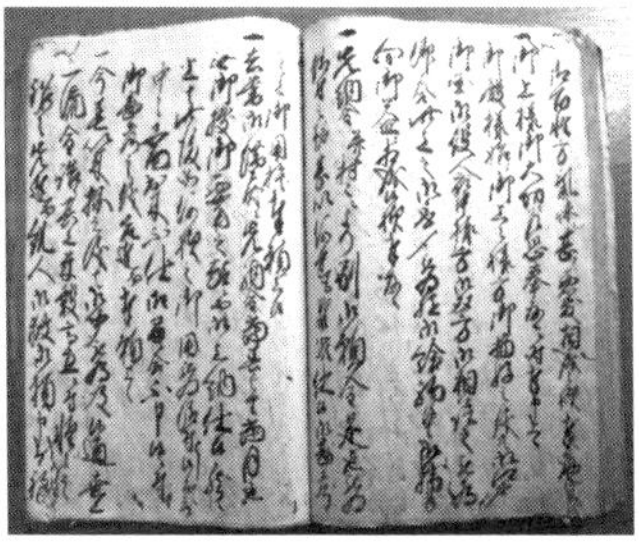

天明４年５月の、お殿様の遊びを取り締まってもらいたい旨が記された「御触状留帳」の頁。
（刈谷市中央図書館「村上文庫」蔵）

## 土井家略系図

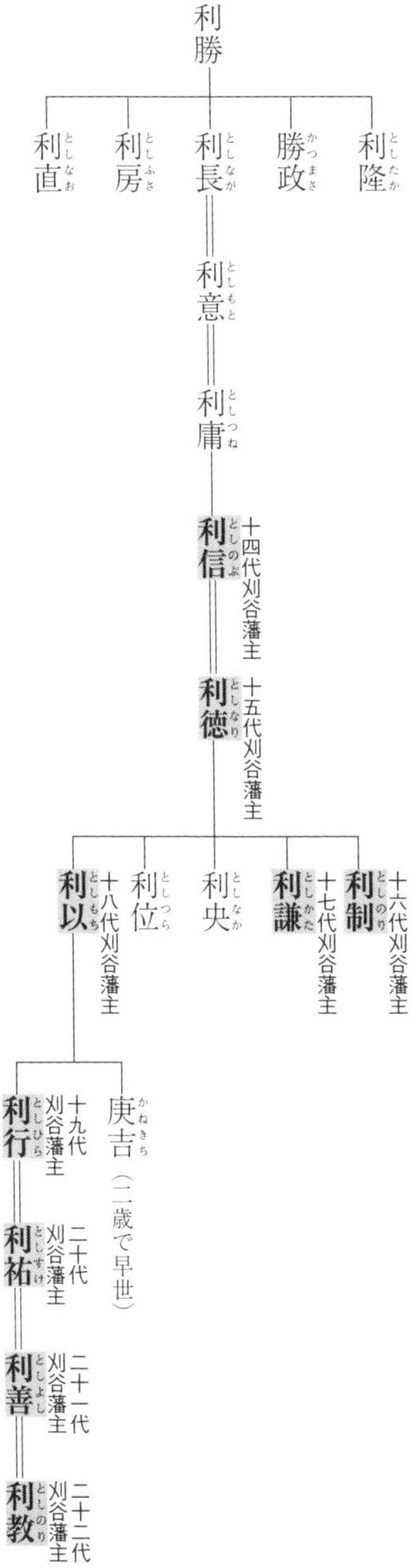

的に示して領内に理解を求めた。しかし、領民から見れば生温《なまぬる》い状況であったようで、支出を減らしていくことは大変悦ばしいことであるとしながらも、お殿さまの鷹狩その他の風流の遊びは期限を決めて止めて頂きたいと再度訴えた。そういったことから家中の意見も厳しくなってきたのか、利徳は二年後の天明七年十月、引き籠もりがちになり、出仕もしなくなった。そして十二月十六日、長男利制《とし のり》に家督を譲ると、まだ四十歳の若さにして隠居してしまった。隠居の約二カ月前、家老馬場源兵衛《ばばげんべえ》から領内一二カ村に宛てた文書では、「殿が病気で引き籠もり、このままでは幕府に対しても済まず、隠居願いを出すことに決めたと江戸から知らせてきた。ついては隠居と家督相続に一〇〇〇両がいるので先納金として頼み入る」とある。

一般的に利徳の致仕隠居は、政治の煩《わずら》わしさから逃避したとの見方が強い。『刈谷町誌』には、幕府の注意と古河藩土井本家の勧告によるとある。

隠居した利徳は藩主の重責から離れると「嘯月《しょうげつ》」と号し、気ままな風雅の暮らしを送った。

## 歌集『嘯月集』

利徳の和歌の数々は、死去一年後の文化十一年（一八一四）八月に全一〇巻に

土井利徳の墓所
（天真寺／東京都港区）

まとめられ『嘯月集《しょうげつしゅう》』と題して利徳の五男で十八代刈谷藩主土井利以《としもち》に贈られた。その序文は松平定信《さだのぶ》が、跋文《ばつぶん》は堀田正敦が書いている。

二〇〇〇首以上の和歌・長歌・詞《ことば》が収められ、その中から利徳が交流していた人々について、ある程度知ることが出来る。

まず、松平定信《さだのぶ》（宝暦八年〈一七五八〉～文政十二年〈一八二九〉）が挙げられる。白河《しらかわ》藩主であり、田沼意次《おきつぐ》失脚後の幕政を担当し老中首座として寛政の改革を施行した。『寛政重修諸家譜』『徳川実紀』など幕府の歴史編纂事業の緒《ちょ》を開くなど、文化面でも多大な功績を残した。一方、楽翁《らくおう》・風月翁・花月翁などと号し、和歌だけでなく古典研究や古物愛好家としても知られ、著述も多い。

堀田正敦（宝暦八年〈一七五八〉～天保三年〈一八三二〉）は仙台藩主伊達宗村の八男で土井利徳の弟である。天明六年（一七八六）、近江国堅田藩主堀田正富の養子となった。寛政二年（一七九〇）に若年寄に就任以後、七十五歳で致仕するまで四十三年にわたって務めた。文政九年（一八二六）、下野国佐野《さの》藩へ転封。松平定信の寛政の改革を助け、『寛政重修諸家譜』の編纂を発案し総裁する。自身も相当な文化教養人で、本草学者（博物学者）として江戸時代最大の鳥類図鑑『観文《かんぶん》禽譜《きんぷ》』、獣類図鑑『観文獣譜《かんぶんじゅうふ》』、貝類図鑑『観文介譜《かんぶんかいふ》』を著した。古典収集家としても知られ、蔵書は「堀田文庫」として東京国立博物館などに保存されている。

伊勢国長島藩主増山正賢《ましやままさかた》（宝暦四年〈一七五四〉～文政二年〈一八一九〉）は詩文や

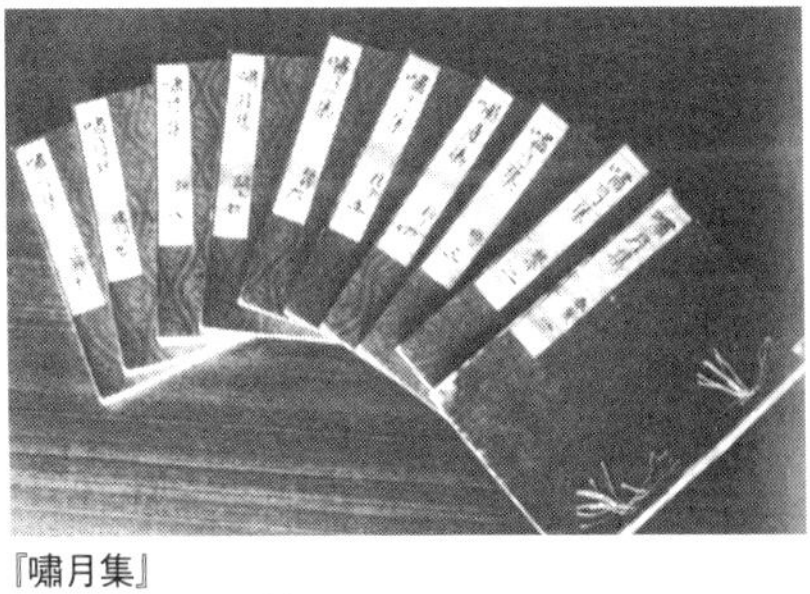

『嘯月集』
（西尾市岩瀬文庫蔵）

書、囲碁、煎茶など多方面に精通した文人大名である。特に書画に優れ、南蘋派《なんぴんは》★の画風に強い影響を受けており花鳥画を得意とした。虫を詳細に観察した虫類写生図譜『虫豸帖《ちゅういじょう》』がある。四十八歳で隠居し雪斎《せっさい》と号して、利徳と同じく風雅の中で過ごした。

利徳の妹が嫁いだ出雲国松江藩主松平治郷《はるさと》（宝暦元年〈一七五一〉～文政元年〈一八一八〉）は当時の代表的茶人で若くして石州《せきしゅう》流を学び、不昧《ふまい》と号し、自ら石州流不昧派を興した。天下の名器・名物類の非常な収集家でもあり、茶器に関する著述も多く残している。

ほかに陸奥国棚倉《たなくら》藩主小笠原長堯《ながたか》（宝暦十一年〈一七六一〉～文化九年〈一八一二〉）、備後国福山藩主阿部正倫《まさとも》（延享二年〈一七四五〉～文化二年〈一八〇五〉）、武蔵国忍藩主阿部正由《まさより》（宝暦十三年〈一七六三〉～文化五年〈一八〇八〉）、越前国丸岡《まるおか》藩主有馬誉純《しげずみ》（明和六年〈一七六九〉～天保七年〈一八三六〉）、肥後国人吉《ひとよし》藩主相良長寛《さがらながひろ》（宝暦元年〈一七五一〉～文化十年〈一八一三〉）などがいる。

利徳は、これらの人々と交流し『嘯月集』によると「うららなる春の日、したしきかきりいさなひて花の本に連歌し、寂しき秋の夜、おもふ友とち、うちつとひて、月のかけに円居し」といった日々を過ごした。

**▼南蘋派**

清朝の画家沈南蘋（ちんなんぴん）とその弟子たちから学んで形成された画風。沈南蘋は徳川吉宗に招聘され、享保十六年（一七三一）に弟子とともに長崎に来日し、精緻かつ華麗な濃彩画は江戸中期の日本画壇に多大な影響を及ぼした。円山応挙・伊藤若冲・与謝蕪村・渡辺崋山なども南蘋派の影響を受けている。

### 利徳と室・子供たちの享年

| 逝去の年 | 名前 | 享年 |
|---|---|---|
| 安永５年(1776) | 長女信 | 9歳 |
| 寛政６年(1794) | 利徳の室 | 44歳 |
| | 長男利制 | 26歳 |
| 寛政10年(1798) | 二女久喜 | 33歳 |
| 享和３年(1803) | 三女俊 | 18歳 |
| 文化９年(1812) | 三男利央 | 24歳 |
| 文化10年(1813) | 二男利謙 | 27歳 |
| | 利徳 | 66歳 |
| 文化13年(1816) | 四女荀 | 不明 |
| 文政12年(1829) | 五男利以 | 31歳 |

# 利徳の子供たちが藩主に

一方で、利徳の子供たちは短命が多く、長男利制、二男利謙、五男利以と藩主が次々と代わり、藩政も安定しなかった。

唯一長生した四男は利位《としつら》といい、寛政元年（一七八九）に生まれ、二十五歳で古河藩土井本家の養子となった。以後、奏者番・寺社奉行・大坂城代を歴任し、天保八年（一八三七）の大塩平八郎《おおしおへいはちろう》の乱では鎮圧に尽力し、その功績から京都所《きょうとしょ》司代《しだい》となった。さらに西の丸老中、本丸老中と昇進を重ね、天保の改革の上知令《あげちれい》で水野忠邦と対立して老中首座にのぼり詰めた。学問好きで知られ、日本で初めて顕微鏡を使って雪の結晶を観察している。二十年にわたる研究は『雪華《せっか》図説』（天保三年刊）・『続雪華図説』（天保十一年刊）の題で私家版として刊行され、前者には九八種、後者には九七種もの結晶図が描かれ、雪の結晶が生成される理《ことわり》・結晶の観察方法・雪の効用が述べられている。利位は「雪の殿様」と呼ばれ、受《ず》領《りょう》名が大炊頭《おおいのかみ》であったことから、これらの雪華文様（結晶図）は「大炊模様」の名で流行し、浮世絵や着物の柄などに使われた。

利位は嘉永元年（一八四八）に致仕、同年に六十歳の生涯を終えたが、利徳の才を最も受け継いだ人物といえそうだ。

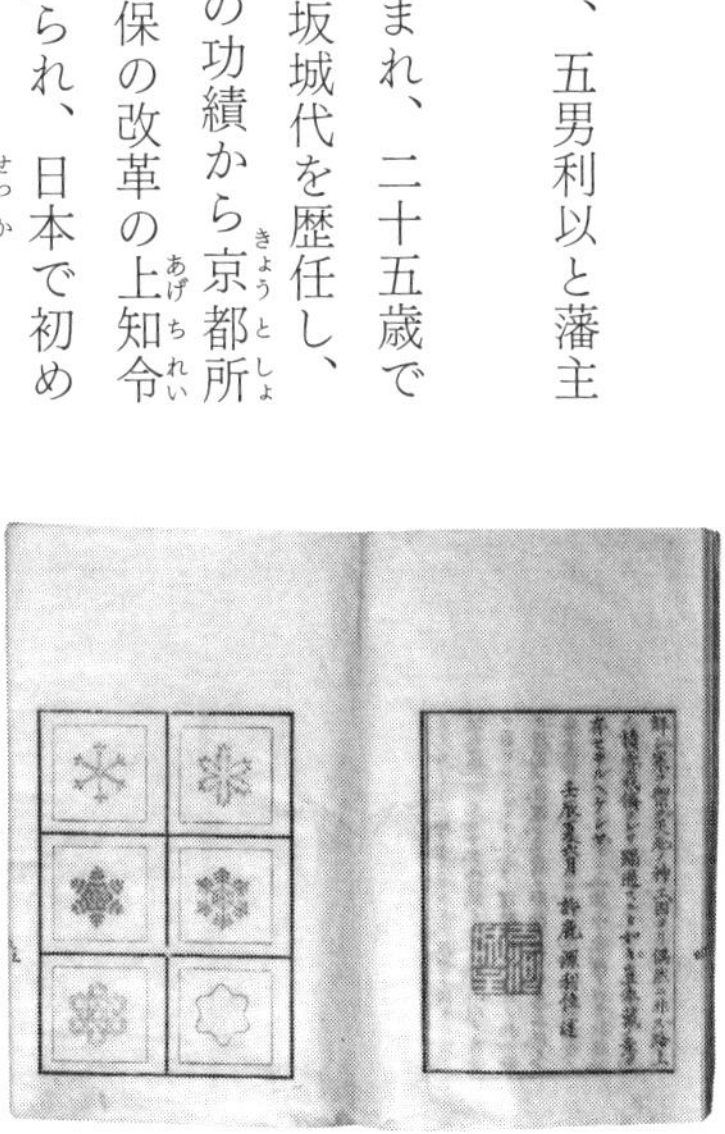

『雪華図説』土井利位著

江戸後期の渓斎英泉（けいさいえいせん）の錦絵「江戸の松名木尽押上　妙見の松」で、着物に雪華模様が描かれている。

③

# 寛政一揆の勃発

藩財政は困窮する一方で、先納金取り立てや領民たちの負担増から一揆が勃発する。
これにより刈谷藩は、領地の約半分が福島藩と村替えになり実収が一気に落ち込んだ。
跡継ぎ問題で家中も安定せず、藩政は古河藩土井本家の干渉を受けることとなる。

## 借金と江戸商人

土井利徳の跡を継いで十六代刈谷藩主となったのは長男利制《としのり》であったが、利徳より先に、二十六歳の若さで逝去している。藩政を執ったのは天明七年（一七八七）から寛政六年（一七九四）までの僅か七年間でしかない。だが、その僅かな期間にそれまで蓄積されてきた領民の不満から一揆が勃発した。

利徳の文人趣味、度重なる公儀のお役目、各種行事等に、藩財政の倹約にも限度があり、領民からの取り立てや江戸商人に借入《しゃくにゅう》するしか手段がない中で、先述のように天明年間（一七八一～一七八九）になると、藩としてもかなり追いつめられた状況であった。

大名貸をしている江戸の富豪鹿島屋清兵衛《かじまやせいべえ》をはじめとする商人たちからも度々

借入れており、天明三年には藩の借用金は四万五三八〇両に達したとされる。

天明六年にさらに借用するため鹿島屋へ庄屋・組頭・百姓代の三名が出向いたが、それまでの借金が返済されない上の新たな申し入れに、鹿島屋もいい返事をしなかったようだ。藩では、以下の内容の下知証文を出さなければならなかった。

一、倹約第一で、鹿島屋から財務の指図を受け、また、相談すること。
一、高額の場合は鹿島屋だけでなく領分からも出すこと。
一、江戸へお金を送る際には直接鹿島屋へ送ること。
一、生活費以外に使わないこと。
一、公務でどうしても入用の時は鹿島屋の了解なしには出金しないこと。
一、返済については村々の収納に役人が立ち会い、すぐに鹿島屋へ渡すこと。

財政を鹿島屋に完全に押さえられ管理された厳しい状況下で、利制は天明七年十二月に封を継ぎ、翌年六月、領地へ戻ることになった。だが、帰城しようにも旅費がなかった。藩では慌てて鹿島屋へ頼みこんだが断られた。『刈谷市史』(資料編近世)によると、これまでの何度かの借入が重なっているにも関わらず「とにかく出金の事ばかり御頼みに候得共、残金不足に相成り候分は一向御頓着もこれ無き御様子、頭隠して尻かくさぬとやら申す御取計らい」と、借りる一方で返済の意思がうかがえない事を、返って手厳しく批判される有様であった。

火急の事に、領内で工面して利制はようやく帰城の途に就くことが出来たが、ここまで藩財政は逼迫し、どうにも首が回らないところまできていた。

## 一揆発生と領民慰撫

天明八年（一七八八）十月、藩は「天賜録《てんしろく》」なる新規の頼母子講を始めて、資金調達を図ったが、領内から反発が起こった。

寛政二年（一七九〇）になるとさらに、これまで鹿島屋などの商人から借りた調達金五四〇〇両余りについて、領内へ高割《たかわり》★が命じられた。あまりの事態に領内の不満は一気に膨らみ参会がもたれた。庄屋からは、これほどの金額を庄屋などの村役人だけでは手に負えないので領内へ高割をせざるを得ないこと、工面方法については自分たちで何とか考えてもらいたいとの説明があり、「一石★に付き、およそ四十四、五匁★にも相掛り申すべく候や」などの様々な憶測がなされた。

また別途百石に付き二三匁宛の御用金を課され、これについては百石に付き一〇匁にしてくれるよう何度か訴えたが聞き入れられなかったと「刈谷騒動記」には記されている。

庄屋を頼りに出来ない状況下で、領民たちは問題を協議するため寺に集まる「寺参会」を各地でもった。十一月二十一日には小垣江村の専称寺《せんしょうじ》に、二十六日

▼**高割**
村々で年貢・諸役などを負担する場合の算出方法で、各村の村高や百姓の持高に応じて割り当てること。

▼**一石**
量の単位で一石は十斗（約一八〇リットル）。

▼**匁**
銀貨の単位で、元禄十三年（一七〇〇）の三貨換算率は金一両＝銀六〇匁。

には野田村の昌福寺《しょうふくじ》に集まったが、二十六日の参会で、刈谷町の百姓代であり油屋の屋号をもつ商人善蔵が中心となって、「山参会をもち、高割阻止と先納金等の元利返済を求める要求を掲げて城下へ強訴すること」「聞き入れられない場合は、江戸へ出訴すること」が決定された。

翌日の十一月二十七日、十五歳以上六十歳以下の百姓たちはわら蓑《みの》姿で弘法《こうぼう》山《ざん》★と恩田山《おんだやま》★に集合し、その数三万人にもなった。一同は篝火《かがりび》を焚き、竹の筒をホラ貝のように吹きたて、昼夜をわかたずに鬨《とき》の声をあげた。その声は三里先まで響き渡り、様子を知らない村々はその騒ぎに大火事かと思ったという。

この状況に、城内は大混乱になった。元締の宍戸牧太《ししどまきた》なる人物が足軽を集めて大手門を固めさせ、まだ一揆勢が来てもいないのに発砲させる失態を犯した。その物音は雷のように辺りに響き、城下の町人たちは戸を固く閉ざして震えあがった。

近隣諸藩の同日の対応は素早いものがあったようだ。西尾藩は領地の境にある和泉村へ足軽《あしがる》を出動させて警戒にあたり、岡崎藩は百姓たちがもし江戸へ強訴に及ぼうとした場合、阻止するべく矢作橋へ足軽五〇〇人を詰めさせた。また、挙母藩では池鯉鮒宿に役人を出して状況を確認し、尾張藩では緒川村・村木村へ役人・足軽を詰めさせて境川の西を固めた。

夜になって藩から一揆勢の鎮圧を命じられた大庄屋の高取村の善兵衛が、領内

専称寺（刈谷市小垣江町）

▼弘法山
知立市弘法町。延宝元年（一六七三）、六代目藩主稲垣重昭が上重原から移転させてきた弘法大師ゆかりの遍照院がある。

▼恩田山
刈谷市朝日町・東新町・恩田町松雲院辺り。藩の御留山があり、この一件で「焼後」（やけご）という地名がついた。これは一揆の際、百姓達が収穫した稲を焼いて抗議したためにこの名前が付いたという。

四二カ村の庄屋とともに出向いたが、反対に一揆勢から粟糠《あわぬか》・稗糠《ひえぬか》の目つぶしを投げられて追い払われる有様となった。翌二十八日になって、それまで罷免されていた多米左膳《ためさぜん》が再び登用され一揆勢の取り鎮めに向かった。多米左膳は、利徳の代に仙台藩から付家老として来ていた人物で、賄賂は取らず治政は百姓たちに評判が高かった。多米は数人の同心を引き連れて馬で駆けつけると、「百姓の願いの筋は聞き届けるから一旦引き取ること」「高割免除の書付けを与えるから一カ村に付き一人ずつ取りに来ること」を提案した。後日、一揆勢は自分たちの代わりに村の庄屋を城中へ行かせて書付けを取らせ、藩役人との話し合いをもった。これによって一連の騒動は領民の主張が認められて終息した。その上、藩から四二カ村へ慰撫金一〇〇〇両が下された。

「刈谷騒動記」によると、この後、誰の手によるものか領内に落首《らくしゅ》が書かれた。

御紋より内《うち》ゑよ（栄耀）車が廻りかね百姓にむりな金かりや様
詰かけし弘法山の御利生《ごりしょう》も願ひ叶ふてついに千両

このように身分制度とは裏腹に、財政難から藩・藩士の立場は悪くなる一方で、商人が幅を利かせ、領民が主張をするようになる。天明期は全国的に大飢饉が起こったことも重なって、各藩で一揆が多発するが、刈谷藩においては、首謀者への処置は他藩に比べて厳しくなく、むしろ慰撫する姿勢をみせていることは、領

寛政一揆の実情が書かれた
「刈谷騒動記」（個人蔵）

主・領民の関係を表す藩の特徴を物語っている。

## 福島藩領との村替え

翌寛政三年（一七九一）になって一揆関係者の取り調べが開始された。刈谷町の百姓代善蔵や高取村の善兵衛は捕えられ、田畑屋敷没収の上永牢《えいろう》★となった。善蔵は、一揆当日は城下町封鎖のために参加出来なかったのであるが、山参会をもって強訴に及ぶ発言をしたことから、一揆首謀者と見做された。代官内藤勘左衛《ないとうかんざえ》門《もん》・岩谷《いわたに》及左衛門《きゅうざえもん》はお役御免の上閉門、町奉行中島左守《なかじまさもり》は逼塞《ひっそく》★の処分を受けた。各村庄屋・組頭・百姓代にも役儀取上げ処分が下された。

この一揆騒動により藩主利制は幕府から差控★を命じられ、翌寛政四年、城廻り一万石はそのままに、残りの一万三千石分の村々は陸奥国福島藩との村替えが言い渡されたのである。

刈谷藩領として据え置かれた村は、刈谷町・元刈谷村・熊村・高津波村・小山村・築地村・一ツ木村・泉田村・今川村・今岡村・東境村・井ヶ谷村・中田村・池鯉鮒町・八橋村・新百姓村・堤村の一七カ村。

福島藩領となった村は、上重原村・下重原村・谷田村・中村・八ツ田村・篠目村・今村・里村・大浜茶屋村・来迎寺村・牛田村・駒場村・小垣江村・犬ヶ坪村・

▼永牢
無期限の入牢刑。

▼逼塞
屋敷の門を閉じて謹慎するが、夜間だけ潜り戸などから目立たないよう出入りすることが許された。

▼差控
武士や公家が、職務上の過失があった際、謹慎すること。

高須村・野田村・半城土村・高棚村・榎前村・和泉村・福釜村・箕輪村・吉浜村・高浜村・高取村の二五カ村である。刈谷藩領との境には境界を示す碑が建てられ、重原村に福島藩重原陣屋がおかれた。

刈谷藩領として宛《あて》がわれたのは、陸奥国信夫《しのぶ》郡内の小倉寺村・田沢村・岡部村・大笹生《おおざそう》村の四カ村（福島市）と伊達郡内の大波村・平沢村・成田村・板谷内村・塩野目村・湯野村・下郡村・増田村（福島市、福島県伊達郡桑折《こおり》町）の八カ村の計一二カ村、そして幕府領磐前《いわさき》郡内の七カ村である。

福島藩は元禄十五年（一七〇二）から板倉家が領しており、寛政四年時の藩主は板倉勝長《かつなが》であった。他藩と同じく財政は逼迫しており、しかも天明の大飢饉の被害も大きかったため、生産高の低い村々の領地替えを幕府に嘆願しており、今回それが認められて刈谷藩との村替えとなったのである。刈谷藩では湯野村（福島市飯坂町湯野）に陣屋をおき、飛地支配にあたった。

これにより数字上は同石高でも、実際の収入は大幅減となった。藩内の石高は天明七年（一七八七）から寛政三年の五年間の平均が米二万六八一一俵余だったものが、村替え以後、四九二〇俵余の減となり、さらに湯野陣屋諸入用高が六七五俵で合計五五九五俵余、金にすると二二三八両の収納減となった。同石高との村替えであったはずが、実収は約半分でしかなかったのである。

この一揆騒動を機に先納金制度が廃止され、年貢率は六割から四割二分七厘ま

福島領の碑
（知立市上重原町）

刈谷藩分領湯野陣屋跡碑（福島市飯坂町・刈谷頌和会提供）

で引き下げられた。家中の改革が行われ、給米の四割削減、内職・農業の奨励がなされた。

## 安定しない跡継ぎ

土井利制は財政難、寛政一揆と村替えの処分という波乱の藩政の中、寛政六年（一七九四）三月、二十六歳で死去した。跡を継いだのは弟の利謙《としかた》（利徳の二男）で、天明七年（一七八七）生まれの利謙は、この時僅か八歳である。古河藩土井本家から付家老朝倉作《あさくらさく》右《え》衛門《もん》が招かれ、利謙の教育や藩政にあたった。大坂加番を二度務めるなどしたが、利謙もまた病で文化十年（一八一三）、二十七歳で死去した。その後を継いだのは、弟の利以《としもち》で、利徳の五男である。十五歳で跡を継ぎ奏者番を務めたものの、文政十二年（一八二九）に三十一歳で死去した。

利以の後は、長男が早世したために二男利行《としひら》が継いだ。しかし僅か九歳で藩主となった利行の代も長くは続かず、天保九年（一八三八）、十七歳で死去した。

末期養子に迎えられた土井利祐《としすけ》もまた弘化三年（一八四六）に二十六歳で死去している。利祐は堀田正衡《まさひら》の二男で、土井利徳の弟堀田正敦の孫にあたる。

この間、天保三年（一八三二）から十一年頃まで、大飢饉とその影響で藩内は疲弊した。凶作・台風による家屋倒壊・日照り・悪疫《あくえき》が流行し、それとともに治

土井利以書幅（個人蔵）

安も悪化し不安な社会情勢が続く。

　周辺地域では、天保七年、加茂騒動と呼ばれる米価引き下げ等を要求する打ちこわしが、三河国加茂郡の幕府領・挙母藩領で起こり、翌八年には大坂で大塩平八郎の乱が、また天保十年には田原藩家老渡辺《わたなべ》崋山《かざん》が蛮社《ばんしゃ》の獄★によって幕府に検挙され自殺する事件もあった。

　若い藩主と相次ぐ末期養子に、家中がなかなか安定しなかったのは当然といえよう。藩政の中心にいたのは先述した土井本家からの付家老朝倉作右衛門で、藩財政立て直しのため、寛政四年に村替えとなった領地を元に戻してもらうように幕府に嘆願し、利以の時にある程度容れられている。すなわち、信夫郡四カ村・磐前郡七カ村が幕府領になり、伊達郡富沢村・大立目《おおだつめ》村・塚原村・下小国《しもおぐに》村・岡村・伏黒《ふしぐろ》村の六カ村が新たに加えられて、刈谷藩領は伊達郡内一四カ村一万石にまとめられた。さらに旧領の高浜村・吉浜村・高取村・高棚村が戻ってきた。しかし陸奥国の飛地であることに変わりはなく、収入の少ない領地の管理に費用ばかりがかかった。財政難を乗り切ることは出来ないばかりか、藩主の跡継ぎ問題を巡って徐々に家中で対立が生まれてきた。

## 土井家の廟所

▼蛮社の獄
幕府による洋学者弾圧事件で、幕府批判の罪で渡辺崋山は蟄居、高野長英は永牢となった。

左が土井利行の墓所（天真寺／東京都港区）

土井家が刈谷藩主として入封してきた時に、始祖土井利勝を祀る利勝寺《りしょうじ》が西尾から移転して中根町におかれた。廃藩置県後には、土井家菩提寺となっていた十念寺に合併され現在に至っている。その十念寺廟内に、短命で代替わりの多い刈谷藩主土井家九代のうち、刈谷で亡くなった四代利謙・七代利祐、そして利祐の二女良子《よしこ》・八代利善の子甲子太郎《きねたろう》・九代利教《としのり》の子八助《はちすけ》の墓標がある。

昭和四十三年（一九六八）、長年の風雨で荒廃した廟所の修復と市土地区画整理事業に伴う移転が行われた。墓石の解体移転・発掘・廟所修復にかかった費用は約二七〇万円で、市の土地区画整理事業費と刈谷頌和《しょうわ》会（旧士族会）の寄付で賄われた。

まず土井家と刈谷頌和会、市担当者等によって、埋葬されている五遺体の発掘がなされた。出土した甕《かめ》は本堂へあげられ、読経《どきょう》ののち木蓋《きぶた》が開けられた。

この時、利謙の遺体は死後百五十五年経っているにも拘らず埋葬当時そのままの姿を留めており、関係者一同を驚かせた。『土井家御廟所完工記念誌』や、当時立ち会った人の話によると、墓石の地下二・五メートル部分が三〇センチの三和土《たたき》で固められ、その下に約一・四平方メートルの石室があったという。石室の蓋は重さ一八〇キログラムの花崗岩《かこうがん》の長石三枚で、その中に二重の木棺《もっかん》があり、内側の木棺の中に常滑焼《とこなめやき》の甕があって遺体が安置されていた。木棺と木棺の間には松脂《まつやに》で、甕は防腐材か乾燥材のようなもので固められ、内側の木棺の蓋裏面に

土井利信による利勝寺の寺額
（十念寺内におかれている利勝寺／刈谷市広小路）

土井家廟所（十念寺／刈谷市広小路）

は利謙の名前が記されていた。甕の中は真綿で覆われ、取り除くと麻袋の中に遺体があったという。白綸子《しろりんず》の着物の座った姿で、顔はやや下向きで髷を外した黒々とした髪が頭部を覆い、肌の色は薄茶色で、合わせた両手に黒の二つの念珠がかけられ、手の上に白鞘の短刀と扇子が懐紙に包んで載せられており、面長の顔立ちを確認したという。

　利祐の場合も構造は同様であったが、埋葬方法が簡素だったためか甕の中に水が溜まり遺骨のみという状態になっていた。

　良子・甲子太郎・八助の三者は、すでに火葬された遺骨が地下三メートルの木箱の中の土甕に納められていた。

　こののち、利謙・利祐の遺体は火葬され墓石を移転して納められた。墓標・前面土塀・中塀・山門・中門が復元され、同時に仮宿院《けしゅくいん》（東京都練馬区）にあった土井家墳墓が刈谷へ帰ることになり、復元された廟所内の地下に広さ三畳ほどの石室を造って歴代遺骨を安置した。

　現在、十念寺内の利勝寺には土井家の位牌四六基が安置され、中央に位置する木造阿弥陀如来立像は鎌倉時代の作で、快慶の流れを汲む彫刻様式とされ、刈谷市の有形文化財に指定されているものである。

土井利謙の木棺裏書き
（刈谷頌和会蔵）

木造阿弥陀如来立像と土井家歴代位牌
（刈谷頌和会蔵）

これも刈谷

# 刈谷昔ばなし　恩田《おんだ》の初蓮《はつれん》

　むかし恩田村の松雲院の裏やぶに、初蓮という、たいへんな通力をもった白ぎつねが住んでいました。松雲院の和尚さんは、この初蓮を可愛がっていました。

　あるとき、和尚さんが目の病気になり、目薬を買いに寺の小僧さんをお医者さんへ使いに出しました。するとお医者さんは、変な顔をして、

「さっき、あなたのような小僧さんが目薬を取りにきたよ。」

　と言いました。不思議に思いながら帰ってきた小僧さんに、和尚さんは、

「初蓮のいたずらに違いない。」

と、小僧さんと一緒に裏山の初蓮の穴をのぞいてみました。すると、ちょうど初蓮が子ぎつねの目に薬をつけてやっているのを見たのでした。

　子ぎつねも目の病気をしてることを知った和尚さんは、そっとしておいてやりました。

　そのころの刈谷のお殿さまは三浦という人で、鷹狩りの途中でよく松雲院へ立ち寄り、和尚さんとお喋りをしたり碁を打ったりして楽しんでいました。しかし、供の者たちは、その間たいくつだったので、初蓮の穴をのぞいては子ぎつねをからかったり、穴のまえでわざと焚き火をして穴に煙を送り込んだりして、初蓮親子をいじめていました。初蓮は、これは殿さまが寺へ遊びに来るからだと、三浦の殿さまを憎むようになり、そのうち仕返しをしてやると思ったのでした。

　しばらくして、お城に奥州のある大名のお姫さまが、三浦の若さまのもとへ輿入れすることになりました。

　初蓮は、この時とばかりに、仲間のきつねを大勢集めました。「築地山の耳きれ」や「萩のお梅」という名のあるきつねもやってきて、本物そっくりの花嫁行列に化けました。初蓮はお姫さまに化け、一行はすましてお城に入りました。

　お城では、遠くからお嫁にきたお姫さまだと、喜んで盛大な儀式を行いました。そこへ本物のお姫さまの行列がお城に着いたから、さあたいへん。おどろいた家来から知らせを受けた殿さまは、今着いた本物のお姫さまを、「にせものだ」といい、追い返してしまいました。

　うまくいったと初蓮は、お城の女中に案内されてお風呂につかってのんびりしていました。しかし、なんだか様子がおかしいと思った女中がお風呂をのぞいたところ、真っ白なきつねが大きなしっぽでお湯をかきまわして遊んでいたのでびっくり。

　お城の中はひっくりかえるような大さわぎ。

「おのれ、きつねめ!」

　家来がぱっと斬りつけたところ、きつねは煙のように消えてしまいました。

　初蓮は、さっさと住処の松雲院の裏山へ逃げ帰りましたが、いつも可愛がってくれる和尚さんも、このことですっかり怒っていたので、ここにいられなくなり、

恩田ばかりに日は照りやすまい
箱根日も照る雨も降る

と悪口を歌って、遠い箱根の山へ子ぎつねを連れて出ていってしまいました。

三浦の殿さまは「きつねにだまされた」ことで幕府から叱られ、領地は半分になり、その上お国替えになってしまい、散々でした。

初蓮は、殿さまに悪いことをしたと思い、殿さまが江戸への上り下りで箱根を通るときには、金銀で染めた綱を道の両側に張って、行列の警戒をしました。

明治になって、お城も殿さまもなくなると、初蓮は刈谷へ帰り、もとの松雲院の裏山の穴で静かに暮らしました。

※この昔話は『西三河の伝説』(正文館書店・一九三五)、『愛知の伝説』(角川書店・一九七六)、『昔話天狗火』(いろは書房・一九七六)などでも知られ、『まんが日本昔ばなし』(一九九八年九月二十四日)でも放映された。

これも刈谷

# 刈谷の特産品・土産

## 刈谷一番

柔らかいカステラ生地に小倉、抹茶、リンゴの餡を挟んだ和洋折衷のお菓子。

御菓子司「両口屋」

電話〇五六六・二一・一六七九

## 岩ヶ池鴨もなか

かつて将軍家へも献上された岩ヶ池群棲の三芳《みよし》鴨。その名声を伝える和菓子。

日乃出軒製菓舗

電話〇五六六・三六・五三八二

## 今留の森

野田八幡宮の森を、抹茶カステラ生地で粒餡を包んで表現。

菓子工房「みやこ」

電話〇五六六・二二・〇〇六二

## かつなりくんサブレ

刈谷市マスコットキャラクター「かつなりくん」を描いた美味しいサブレ。

御菓子所「みづ乃」

電話〇五六六・二一・〇五一七

## 万燈焼

十勝産小豆の粒餡に柔らかな栗を入れた、ふんわりどら焼き。

「荒川屋製菓舗」

電話〇五六六・二一・〇七〇四

刈谷一番

岩ヶ池鴨もなか

今留の森

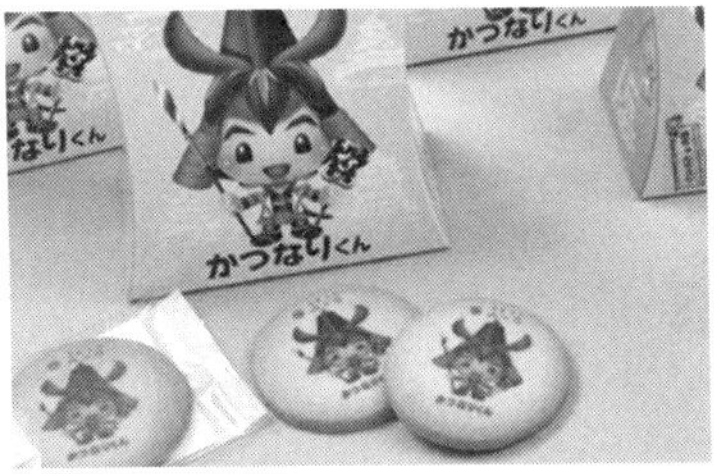

かつなりくんサブレ

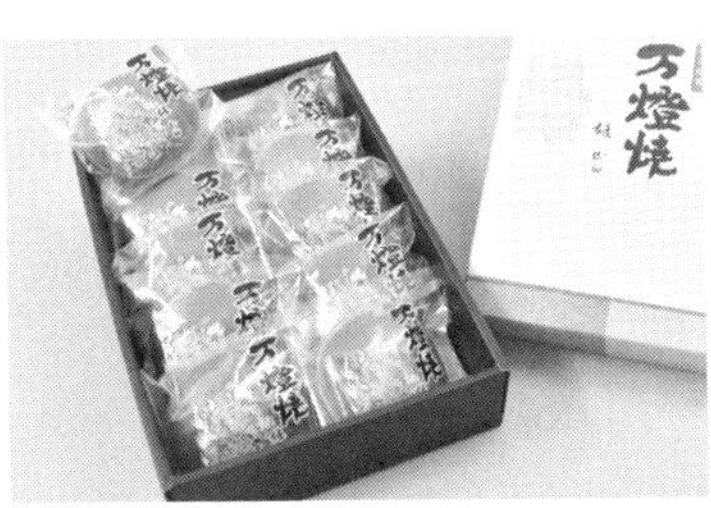

万燈焼

## 万燈もなか

粒・白・抹茶の三色の餡が入った万燈の形の大きな最中《もなか》。

有限会社「永楽屋」

電話〇五六六・二一・〇〇九六

## 刈谷物語

刈谷の象徴を包装紙にあしらったぱりぱりの皮と粒餡の最中。

「常川屋刈谷店」

電話〇五六六・二三・一二三七

## きしめんの元祖？　いもかわうどん

かつて東海道の宿場名物だった「芋川うどん」。『東海道名所記』など江戸時代の旅行記にも多く登場する。きしめんのルーツといわれ、平麺のもちもちした食感が特徴。発祥の地刈谷から、名物ここに復活。

「きさん」

電話〇五六六・二七・八五三七

## すいか

東境町の丘陵地を中心に赤土の土壌で育つすいかは、甘みが強く人気が高い。赤い大玉だけでなく、全国的にも珍しい黄色の小玉すいか「おおとり2号」は甘味と薄い皮が特徴。オレンジ色の中玉《ちゅうだま》「サマーオレンジ」は生産数が少なく、売り切れ御免の一品。六月下旬頃から出荷。

## 大根

独特の赤い粘土質の土壌で育つ大根は、しっかりとした肉質と甘みがあり、煮込みやおでんに最適。この大根で作られる切干大根は、伊吹おろしの冷たい風で一気に乾燥され、白く美しく柔らかい仕上がり。

万燈もなか

刈谷物語

いもかわうどん

すいか

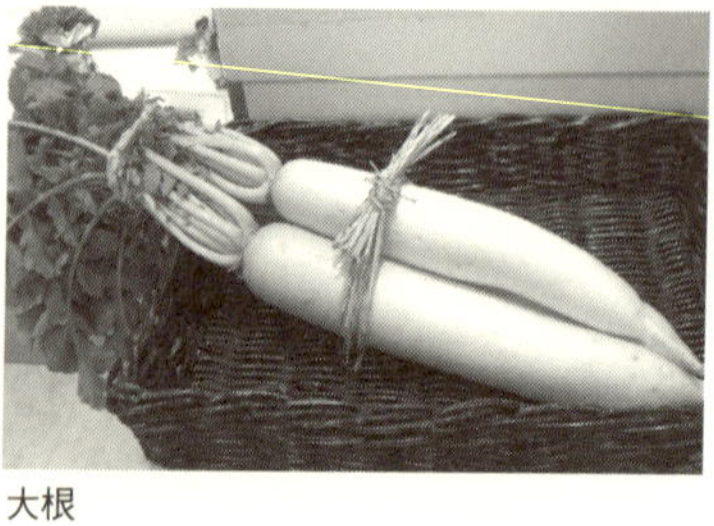
大根

# 第六章 幕末から明治維新へ

藩校が成立し学びが高まる一方、家中で対立し混乱の中、瀬戸際で新政府に恭順。

1

# 藩校と庶民の学び

天明三年（一七八三）、土井利徳によって藩校文礼館が開かれる。
知徳兼備の方針のもと、藩士の学びは高まり、領民には「郷学校」が開設される。
文礼館は現在の亀城小学校へと繋がり、教えと精神は「自重・向上・協同」という校訓となった。

## 藩校文礼館

刈谷藩における藩校は文礼館《ぶんれいかん》といい、土井家が西尾藩主時代に儒学者国枝斉賢《くにえださいけん》を招いて設立したものを前身として天明三年（一七八三）、土井利徳が美濃の儒学者秦子恭《はたしきょう》を教授にして開いたことから始まる。全国的にみて比較的早い時期に成立している。

文礼館の精神と意味は鶡冠子《かつかんし》★の言葉「文礼の野《いや》しきは禽獣《きんじゅう》に同じ、則《すなわち》、言語の暴《あら》きは蠻夷《ばんい》と同じ謂《いわれ》なり」による。学問や道徳心を身につけていないのは鳥や獣、野蛮人と同じであるとの意味で、文は智、礼は徳とする知徳兼備の教育を第一とした。

建物は刈谷城大手門の外側にあり、学ぶのは藩士たちで、その中から優秀な者を

▼鶡冠子
春秋戦国時代末の楚の隠者であり思想家（道家）。

選んで師範とした。年始の稽古始めには各師範の家に門生が集まり稽古始めの式があったとされる。科目は和学・漢学・習礼・兵学・武術があり、武術は弓・馬・槍・柔・居合・棒・剣・砲術と文武両道を兼修するものであった。武術は各術において目録・免許皆伝等の賞状があり、免許皆伝は藩主から金員が与えられた。

時期、原因ともに明らかではないが、文礼館は一時途絶え、慶応四年（一八六八）五月に再興され、明治四年（一八七一）まで続いた。『参河國碧海郡誌』によると、慶応四年の再興後の学校組織は、館長・副館長・教頭・教授・助教授・句読師・算術師・習字師・主簿がおかれ、教員は約一二名で、庶務係の主簿は二名いた。生徒数は通学者約二〇〇名、寄宿生約三〇名。藩主は藩庁退出後に毎日臨校し、経書《けいしょ》の輪読《りんどく》に加わり歴史書を回読し、教頭に質問などをする習わしであったという。また、文礼館では聖廟はなかったが、孔子像を祀り釈奠《せきてん》（孔子祭）を毎年実施していた。

明治初年には早くも英文科が創設されたばかりか、明治二年には出版事業も行われ、文久三年（一八六三）に倒幕の魁《さきがけ》として決起し戦死した天誅組《てんちゅうぐみ》総裁松本奎堂《まつもとけいどう》の漢詩集『奎堂遺稿』全二巻が刈谷士族会（現在の刈谷頌和会）より発刊されている。

文礼館跡碑（刈谷市城町）

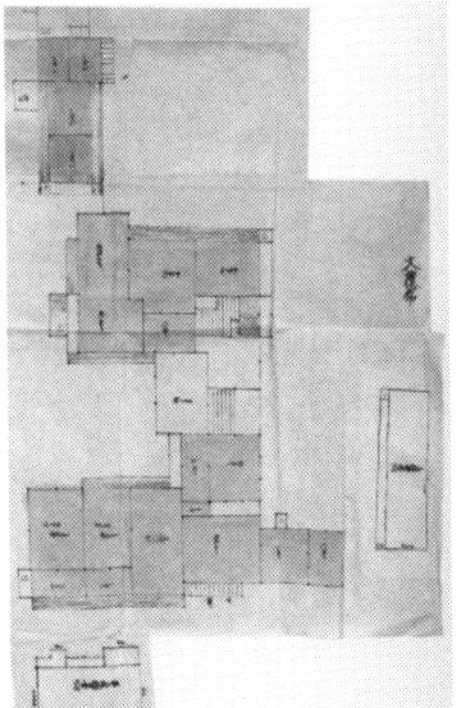
文礼館図（東京都徳川林政史研究所蔵）

## 文礼館の教授たち

『愛知縣史』には、文礼館の教授を務めた又は講義をしたことがある人物として、四名の藩外人物が挙げられている。就任時期や担当学科などの詳細は不明である。

**秦子恭《はたしきょう》**（享保元年〈一七一六〉～寛政三年〈一七九一〉）
峨眉《がび》山人と号す。美濃国本巣《もとす》郡真桑《まくわ》村（岐阜県本巣市）出身の儒学者。荻生徂徠《おぎゅうそらい》の高弟である服部南郭《なんかく》の門に入って学んだ。のち、刈谷藩主土井利徳の侍講となり、文礼館教授となる。館内に掲げられた扁額は、土井利徳が秦子恭を通じて書家である細井広沢《こうたく》★に依頼し揮毫させたもので、刈谷市指定文化財となっている。

**秦鼎《はたかなえ》**（宝暦十一年〈一七六一〉～天保二年〈一八三一〉）
秦子恭の長男で、字は士鉉《しげん》、通称は嘉奈衞。滄浪、小翁、夢仙と号す。細井平洲《へいしゅう》に師事し、のち尾張藩校明倫堂《めいりんどう》の典籍（教授並）を務めた。博識だが驕慢《きょうまん》な性格で、人をあれこれ批評して毀誉褒貶《きよほうへん》が激しいために失脚した。詩文に優れ能筆家であり、著述や碑の撰文が多く残る。刈谷藩においては文化十一年（一八一

刈谷市郷土資料館分室に展示されている「文礼館扁額」（刈谷市郷土資料館蔵）

▼細井広沢
一六五八～一七三五。江戸時代中期の儒学者であり書家。遠江国掛川生まれ。儒学を坂井漸軒に、書法を北島雪山に、剣法を堀内源太左衛門に学んだ。書家として頭角をあらわしたが、兵学・拳法・天文・測量なども極める多才な人物であった。柳沢吉保に招かれ幕府に登用され、陵墓修築などにも尽くした。

四)、無量寿《むりょうじゅ》寺内の八橋碑《やつはしひ》の撰文に、その名が刻まれている。

**伊藤両村《いとうりょうそん》**(寛政八年〈一七九六〉~安政六年〈一八五九〉)

尾張国中島村(豊明市)の庄屋であり、儒学者。江戸の昌平坂《しょうへいざか》学問所で学び、帰郷して庄屋を継ぐかたわら私塾を開いて門弟たちを教えた。特に漢詩修練の「両村吟社」は多くの門弟で賑わった。天保三年(一八三二)、尾張藩から苗字帯刀を許され伊藤を名乗る。弘化二年(一八四五)、刈谷藩主土井利祐に招聘され、月に数度の講義を十五年にわたって行ったとされる。

**薄井龍之《うすいたつゆき》**(文政十二年〈一八二九〉~大正五年〈一九一六〉)

信濃国伊那郡飯田の生まれ。学問を志し昌平坂学問所の学僕となり、のち頼《らい》三《み》樹《き》三郎《さぶろう》や佐久間象山《しょうざん》に学んだ。安政の大獄で三樹三郎が捕えられた時、その奪還を企《たくら》むが果たせず、処刑後の遺体の後始末をしたことから幕府に狙われる。水戸天狗党の乱に加わるが途中で離脱した。岩倉具視《いわくらともみ》の知遇を得て明治維新後は北海道開拓監事、山形県権参事《ごんさんじ》、山梨県大書記官、大審院判事、秋田地方裁判所所長を歴任した。明治元年(一八六八)に再興された文礼館では館長を務めた。薄井は別名「武男《たけお》」といい、容姿端麗であったことと厚い待遇を受けていたことから「ぶおとこ(武男)と文字には書けど好い男うすい(薄井)といへどあついお

八橋の由来を記した碑で、土井利以の侍医宍戸隆熹が文化十一年、秦鼎に撰文を依頼し建立したもの(無量寿寺/知立市)

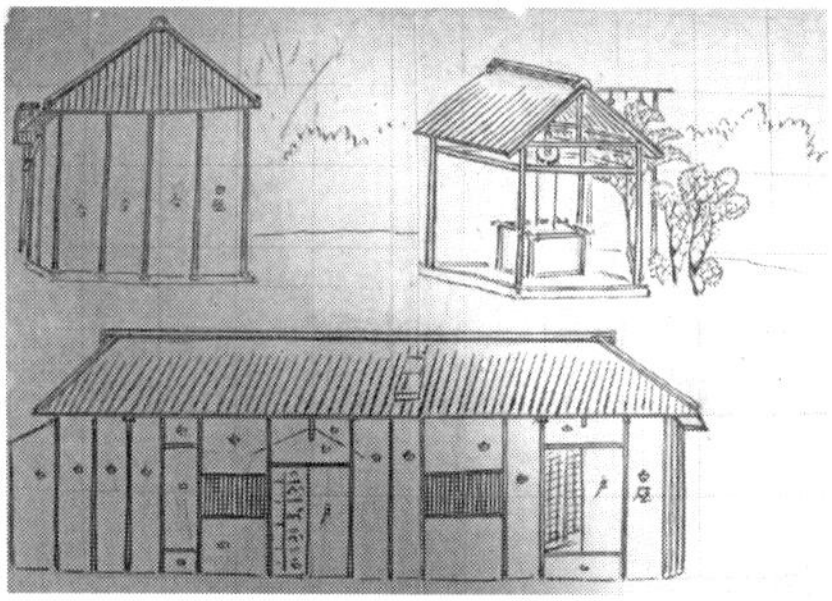

文礼館図　澤梅谷画(個人蔵)

手あて」という歌が流行ったという。

家中で教授となった者は、野沢氏香《のざわうじか》・松井省吾《まついしょうご》（漢字）、濱田与四郎（国学）、熊木三右衛門《くまきさんえもん》（和算）、脇坂一徳《わきさかかずのり》・澤平馬《さわへいま》・多米靭負《ためゆきえ》（剣術）、山越軍八《やまこしぐんぱち》・印東斎宮《いんどういつき》（馬術）、藤井東十郎《ふじいとうじゅうろう》（砲術）、鳥居芝助《とりいしばすけ》・井上衛門《いのうええもん》（柔術）、中島弥四郎《なかじまやしろう》（西洋軍学）などの名前が残っている。また、天誅組総裁となった松本奎堂の父印南《いなみ》も文学を教え、奎堂自身それを手伝ったともいわれている。

文礼館は明治になって刈谷義校となり、明治十九年（一八八六）、尋常小学刈谷学校となり、のちいくつかの変遷を経て明治四十一年、亀城《きじょう》尋常高等小学校となり、現在の刈谷市立亀城小学校となった。

文礼館を前身とする亀城小学校では、その教えと精神が受け継がれ、「自重《じちょう》・向《こう》上《じょう》・協同《きょうどう》」を柱とする教育が行われている。近年になって「しっかりやろう・すすんでやろう・ともどもやろう」と、小学生にも分かりやすい言葉に言い換えられ、亀城精神として藩校の歴史とともに語り伝えられているほか、昭和四十八年（一九七三）の創立一〇〇周年記念には「文礼の塔」が象徴として校庭に建設された。

現在の亀城小学校

亀城小学校校庭に建つ「文礼の塔」

▼国尽
日本の諸国の名前を列挙し歌いやすく書かれた習字の手本。

# 寺子屋教育

藩校が武士のための文武両道のエリート教育とすれば、寺子屋や私塾は庶民の学びの場として天保年間（一八三〇～一八四四）頃から急増し、読み書き・算盤《そろばん》を習う子供たちが多く通った。その背景には、商品経済の発達や諸法度《はっと》・定書《さだめがき》等の増加などにより識字教育の必要性が不可欠になってきたことが挙げられる。

習字の手本は『いろは』から始まり『国尽《くにづくし》』★までを基礎教程とし、『実語教《じつごきょう》』★『童子教《どうじきょう》』★などの暗誦《あんしょう》が行われた。基礎教程を終えると卒業する者が多かったが、さらに修学する者は『三字経《さんじきょう》』★『四書』★などを学んだという。女子は『女今川《おんないまがわ》』★や『女大学』★などが教材であった。

寺子屋へ入門する際、親は羽織・袴《はかま》を着用し子に礼装をさせて師の家を訪問し、束修《そくしゅう》★を納めた。また、寺子屋の先輩たちに菓子や赤飯を振舞うこともあった。

就学中は掟や規則があり、刈谷藩内でも『寺子制誨式目《てらこせいかいしきもく》』が一般的に使用されていたようだ。これは、江戸時代初期に笹山梅庵《ささやまばいあん》が書いたとされる寺子屋の規則・教訓書で、全国に広まり少しずつ内容を変えながら、手習いの教材であると同時に道徳教育としても広く使われた。

有名な一文は「人人人人人、人人人人人」という、一〇個の「人」字が並んだ

▼実語教
庶民のための教訓が盛り込まれた習字兼修身の教科書。平安末期から明治初期にかけて広く普及した。

▼童子教
七歳から十五歳を対象とする初等教育の教訓書で、鎌倉時代から明治中期頃まで使用された。基本的な素養・儒教的な教えが特徴。

▼三字経
中国の宋の時代に作られたとされる教科書で、三文字で一句の語句が並び、儒教的な徳目が盛り込まれる。例えば「人之初・性本善・性相近・習相遠（人の初め、性もと善、性相近し、習い相遠し）」など。

▼四書
儒教の経書で『大学』『中庸』『論語』『孟子』の総称。

▼女今川
貞享四年（一六八七）、沢田きちによって書かれた絵入り仮名書きの教訓書。習字の手本として広く使われた。

▼女大学
道徳が説かれたもの。

▼束修
入門の際の贈り物。

ものでで「人の人たる人は人を人とす。人の人たらざる人は人を人とせず」と読み、人としての生き方を身をもって示す人は、他人を人として大切にするという意味を表す。

規則も細かく書かれており、「人と生まれて物かかざるは人に非ず」から始まり、「机に懸りて無益の雑談、或ひは欠気《あくび》し延びし、或ひは居眠り、鼻を啜《すす》り紙を噛み、筆の管を啌《くわ》へ、習はざる人を手本とする事、極悪人の所行なり」「堂塔其外宿にても、寺にても、落書き堅く制禁せしむ候。且つ又、徒《いたずら》に障子を破り、柱に疵《きず》を付け、畳等を汚し候へば、其罪重かるべき事」「他人より己が手跡いか程勝り候共、謙下《けんげ》して自慢高慢の心持つべからず」「善を積めば福を得、悪をなせば禍《わざわい》来る。人として孝を思はざるは畜生なり。道を信ぜざるは木石なり」など多岐にわたった。単なる学習の場ではなく、師や先輩といった上下関係のある社会生活の学びの場であり、自然体で躾《しつけ》や道徳教育がなされたのである。

こうした寺子屋や私塾は、明治四年（一八七一）、廃寺となった修光寺跡に設立された郷学校一校に統一された。

# ②維新前夜の刈谷藩

幕末の動乱の中、急進派と保守派に分かれ、藩主跡継ぎ問題なども相まって家中が対立する。文久三年（一八六三）の天誅組の変、三家老斬殺事件などの緊張と混乱を経て、徳川幕府を支え続けてきた三河の譜代大名が迎える明治維新。

## お家騒動と長州浪士事件

利祐の跡を継いだのは、これも末期養子に迎えられた浜松藩主井上正甫《まさもと》の七男で、土井利善《としよし》と名乗り、弘化四年（一八四七）、十八歳で二十一代刈谷藩主となった。

文化年間（一八〇四〜一八一八）から外国船がしばしば近海にみえ、対外貿易を求めてきており、文政八年（一八二五）、幕府は外国船打払《うちはらい》令を出し、海岸防備に着手していた。刈谷藩においても、弘化三年、田原沖に現れた異国船に対して急遽出動したのを始め、嘉永二年（一八四九）から海岸人足《にんそく》・若党《わかとう》を領内から高浜村へ詰めさせるなど、対外的な御用と緊張感が高まっていた（嘉永二年時は海岸人足二一一人、若党六三人）。

利善は嘉永五年に大坂加番を務め、さらに奏者番、文久三年（一八六三）には寺社奉行★、そして陸軍奉行★の要職を務めた。利善自身、兵学を窪田清音《くぼたすがね》★に学んでおり、藩内の恩田山や八幡山において砲術訓練や兵練を行うなど、防衛対策に積極的だったようだ。かたわら、藩医であり国学者・歌人として名高い村上忠順《ただまさ》の教えを受けるなどしていた。しかし自身が病弱な上、もうけた三男五女のうち、長男捨若・二男益之助と長女・二女・三女が相次いで早世し、跡継ぎに養子を迎えることが急務となってきた（三男は明治三年に早世）。

嘉永六年のペリー来航に代表される外交問題にはじまり、安政五年（一八五八）、孝明天皇から水戸藩へ「戊午《ぼご》の密勅《みっちょく》」が下され大老井伊直弼《いいなおすけ》による幕府批判者への弾圧（安政の大獄）があり、それに反発した水戸浪士らが翌年に井伊直弼を暗殺する桜田門外の変などが相次いで起きた。うち続く非常事態に、刈谷藩内でも急進派と保守派が生まれて対立し、脱藩する者が現れる。万延元年（一八六〇）に利善が刈谷へ帰城した際、藩政の対立等で家老や要職の入れ替わりが行われた。家老津田新十郎《つだしんじゅうろう》は御役御免・蟄居を命じられ、印東又右衛門も御役御免の上、蟄居となり、代わって三宅覚兵衛《みやけかくべえ》が側用人に昇進し、藩主の側に仕えた。

さらに古河藩士井本家から岡野司馬《おかのしば》という人物が付家老として派遣されてきた。利善が病床につくことが多くなり文久三年（一八六三）六月に陸軍奉行を辞すと、跡継ぎ問題で家中の意見は分かれた。国元の家老ら急進派が、時勢に対応出来る

▼寺社奉行
寺社及びその領地を管理する職で、奏者番の大名が月番であたり、町奉行・勘定奉行とともに三奉行といわれる。

▼陸軍奉行
文久二年の幕政改革の中で新設された職のひとつで、老中支配に属し、席は駿河城代の上席。西洋式陸軍の編制にあたり、歩兵・騎兵・砲兵を統率する総大将で、講武所・陸軍所を管轄する。初代は下野国黒羽藩主大関増裕。

▼窪田清音
一七九一～一八六六。幕府の講武所頭取・兵学師範役。数十流の兵学・武術に達し奥秘を極めた。門人の数は大名・旗本など約三〇〇〇人、著述は百冊を超える。

年長者を望むのに対し、付家老岡野や江戸家老多米新左衛門らの保守派は幼年の藩主を望んだ。急進派は、国元の家老大野信吾・澤俊平・井関修次・安井盛信・濱田与四郎らで、紀州藩付家老で新宮《しんぐう》城主水野対馬守忠啓《ただあき》の九男鉢《ちか》之助を養子に迎えようとした。

新宮の儒者川崎魯助《ろすけ》が刈谷藩へ出講していた縁から、国家老でありその門弟であった大野信吾、御養子一件御用掛矢野半兵衛・石塚隼太《いしづかはやた》らが新宮に赴いて鉢之助と面会し、その人物の聡明さを確かめ、ここに国元の意見が一層固まった。三宅覚兵衛の了解のもと、遠藤杢《えんどうもく》・濱田篤蔵《はまだとくぞう》・村上其太郎《むらかみそのたろう》が江戸藩邸へ赴き、多米新左衛門らに意向を伝え、同年十一月に水野鉢之助は江戸藩邸へ入った。これを機に、多米新左衛門・多米轍《ためてつ》・別府又兵衛《べっぷまたべえ》などの保守派は藩政から退いた。

しかし保守派と古河藩士井本家の間で急に動きがあり、急進派は保守派によって一網打尽にされたのである。そのきっかけとなったのは、江戸藩邸内の小納戸《こなんど》役倉田珪太郎《くらたけいたろう》宅で急進派藩士たちと長州藩の浪人体《てい》の者が会合をしていることを保守派の者たちが察知したことであった。

十一月二十五日、遠藤杢・濱田篤蔵・村上其太郎らと、一橋家家来脇坂又三、長州藩浪士福原乙之進《ふくはらおとのしん》が時事を談論していたところへ、保守派と古河藩士井家家臣が踏み込み急進派を捕らえ、福原乙之進は自害して果てた。長州藩は幕府の日米修好通商条約の無勅許《むちょっきょ》による調印や安政の大獄などで、反幕・攘夷思想を強めていた。福原は、久坂玄瑞《くさかげんずい》らと志を同じくし、文久二年（一八六二）に脱藩、上京して長井雅楽《ながいうた》暗殺を試みるも果たせず、文久三年八月に江戸へ出て志士たちの間を奔走して倒幕の密議をこらしていた人物であった。福原の懐には勤皇派の連判状があり、大野信吾・澤俊平・井関修次・安井盛信の名前があったことで事件は拡大した。

八月には大和国で倒幕挙兵（天誅組の変）が起き、藩内から数名の参加者を出したばかりでもあり、藩主土井利善は、この一件について刈谷藩は無関係であることを幕府に陳謝し、関係者の処罰を行った。連判状に名前のあった大野信吾ら四名は江戸古河藩邸に入牢させられ、遠藤杢・濱田篤蔵・村上其太郎・矢野半兵衛・石塚隼太・山越軍八・鳥居倉三郎《とりいくらさぶろう》・杉浦幹之丞《すぎうらみきのじょう》らが刈谷で入牢、濱田篤蔵の父濱田与四郎は家老職を拝命し江戸へ着いたばかりであったが、罷免の上、国元へ戻され自宅謹慎となったのである。

急進派は藩政から一掃され、かわって台頭した保守派多米新左衛門・津田新十郎らは古河藩土井本家の力を借りて、元治元年（一八六四）三月、水野鉢《ちか》之助の養嗣子を白紙にした。鉢《ちか》之助は新宮水野家に戻った後、忠制《ただのり》と名乗り、明治元年（一八六八）、待詔院《たいしょういん》★に出仕した。

慶応二年（一八六六）三月、改めて播磨《はりま》国林田《はやしだ》藩主建部政醇《たけべまさあつ》の三男が迎えられ、これが二十二代刈谷藩主土井利教《としのり》である。

▼待詔院
待詔局ともいい、国事についての建言・建白書を受理する機関で、明治政府が広く有志に意見を求めるために創設した。

# 武力倒幕のはじまり天誅組の変

幕府政治への批判が高まる中、日本を取り巻く外国の情勢と相まって徐々に、人々は幕府を倒して新しい世の中を渇望するようになる。幕府は、朝廷の政治介入や大老の暗殺などにより失墜《しっつい》した権威を立て直すために、皇女和宮《かずのみや》と将軍徳川家茂《いえもち》の婚儀を整え公武一和を図ろうとしたが、老中安藤信正は坂下門付近で襲撃された。

藩論が尊皇攘夷で統一された長州藩をはじめ西国雄藩からは、藩士が上京し尊皇攘夷派公家と結びつき、反幕の朝廷工作が図られた。また、譜代刈谷藩や土佐藩のように、親幕で固まった藩からは、尊皇攘夷・倒幕を志す藩士や下士たちが次々と脱藩して京都を中心に活動を活発化させていった。こうした脱藩浪士たちを「志士」といい、幕末における倒幕の担い手となった。

長州藩や志士たちによる朝廷工作により文久三年（一八六三）、将軍家茂が上洛した。三月に行われた攘夷祈願の賀茂《かも》行幸《ぎょうこう》では将軍が天皇に供奉し、天皇が国の中心であり、徳川幕府の将軍は天皇から「征夷大将軍」に任命されたことを改めて人々に印象づけた。翌月にも行幸があり男山《おとこやま》に参拝がなされたが家茂が供奉しなかったため、志士たちは八月に三度目の行幸を計画した。大和国神武天皇《じんむてんのう》陵《りょう》・春日社を参拝する大和行幸《やまとぎょうこう》で、これを機に倒幕・王政復古へ持ち込もうとしたのである。

八月十三日、行幸の詔が出されると、約四〇名の志士たちは公家中山忠光《なかやまただみつ》★を主将に仰いで天誅組を結成し、行幸前の大和国に入ると五條《ごじょう》代官所（奈良県五條市）に討ち入った。幕府領を抑えて朝廷直轄地とし行幸を迎え、皇軍御先鋒として倒幕の魁を務める手筈《てはず》であった。天誅組には、刈谷藩から松本奎堂・宍戸弥四《ししどやし》郎《ろう》・伊藤三弥《いとうさんや》★の三名が脱藩し参加した。松本奎堂は、土佐脱藩吉村虎太郎《よしむらとらたろう》・岡山脱藩藤本鉄石《ふじもとてっせき》とともに三総裁のひとりに就任し、宍戸弥四郎は合図掛を任じた。八月十七日、朝廷直轄地宣言をし新政府「五條御政府」を築いたが、翌日に朝廷内で公武一和派公卿らによって政変が起こされ、後ろ盾になるはずだった尊皇攘夷派公家や長州藩が京都から追われて行幸は中止になったのである。奎堂ら天誅組は一夜にして賊軍扱いとなり、幕府軍に追討される身となった。天誅組の規模は京都で集結した時には約四〇名に過ぎなかったが、その後、大和国十津川《とつかわ》郷士などを糾合して一時は一〇〇〇名を超え、これを鎮圧するために幕府が動員した兵力は、紀州藩・彦根藩・津藩・郡山藩など一万人以上にも及んだ。

天ノ川辻（奈良県五條市大塔町）に本陣をおいて幕府軍と戦ったが、兵力の差は大きく、高取《たかとり》城を攻撃して失敗し敗走した後、悪化する戦況を覆すことが出来ず、挙兵の約一カ月後の九月十四日に本陣が陥落し、十津川（奈良県吉野郡十津川村）

▼**中山忠光**
一八四五〜一八六四。中山忠能の五男で明治天皇の叔父。勇猛な人柄で志士たちと交流が厚く、十九歳で天誅組主将となった。壊滅後は長州へ逃れたが元治元年（一八六四）、幕府に恭順する長府藩俗論党に暗殺された。

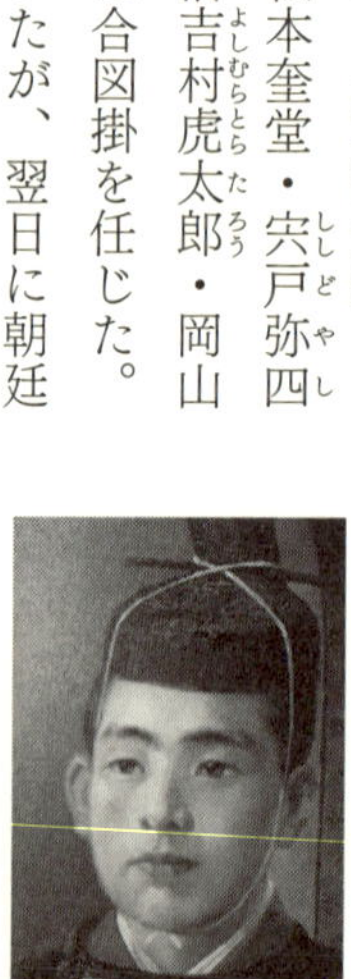

中山忠光肖像

五條代官所跡
（奈良県五條市）

方面へ敗走した。松本奎堂は、最後は小川郷（奈良県東吉野村）の山中で紀州藩兵の銃弾に倒れ、宍戸弥四郎は、彦根藩兵と戦って戦死した。

天誅組は幕府軍によって鎮圧され、ほとんどの隊士が戦死し現在の東吉野村で壊滅したが、幕藩体制下での初めての倒幕への挙兵であり、武力倒幕の流れをつくった魁とされている。

その後、天誅組の決起に呼応する形で同年十月、但馬《たじま》国生野《いくの》（兵庫県朝来市）で生野代官所を占拠した生野の変、翌年には水戸藩の尊皇攘夷派が決起した天狗党の乱、長州藩の大挙上洛による禁門の変と武力決起が相次いで起き、四年後の慶応三年（一八六七）に王政復古が成った。天誅組の功績は大きく評価され、のち、明治政府から松本奎堂、宍戸弥四郎に従四位が追贈された。

## 勤王派藩士の脱藩

元治元年（一八六四）、前年八月の政変により京都を追放された長州藩が武装上洛し、薩摩藩・会津藩を中心とする幕府軍と戦闘に及んだ（禁門の変）。幕府が興した長州征伐軍に禁門の変で敗れた長州藩は一旦恭順の姿勢をみせたが、藩内で高杉晋作《しんさく》らの正義派が挙兵し抗戦の勢いが盛んになり、一方で薩長同盟が成されるなどがあり、幕府の旗色は悪くなっていく。

▼伊藤三弥

藩の小姓役・荻野流光徳派砲術免許皆伝をもつ。松本・宍戸とともに天誅組に参加したが早期に離脱した。原因は不明だが戦況不利とみての保身説がある。明治維新後は謙吉と改め、岩倉具視の推挙により司法省・内務省に出仕した。三重県令・第一回衆議院議員などを務め、高知県の寒川鉱山経営や東京株式取引所・歌舞伎座の設立などに携わった。三弥の遺産は娘坂木那津子によって亀城小学校奨学資金に寄贈されている。

天誅組終焉之地碑
（奈良県吉野郡東吉野村）

慶応元年（一八六五）、将軍家茂が上洛し長州再征の勅許を得ると、西国諸藩に出兵が命じられた。刈谷藩では直接関わりはなかったが、翌慶応二年七月に幕府から京都市中警備の命を受けた。この時すでに幕府軍は長州藩に敗れ、七月二十日に家茂は大坂城で病没していた。

『嵯峨野賛歌』によると、刈谷藩が命を受けたのは上嵯峨《かみさが》口の警備で、薬師寺★に本陣をおいていたとされる。越前国勝山藩との警備交代を命じられたもので、派遣にあたり領内で足軽・中間四五人が集められた。第一次派遣隊は藩士一四名に足軽・中間《ちゅうげん》四五名を加えた総勢五九名で、八月五日に派遣された。八月二十日、十五代将軍に徳川慶喜《よしのぶ》が就任したものの、京都は依然として政情不安定な状況にあり、幕府では、勢いを増した長州藩が薩摩藩と手を結んで大挙上洛してくるのを警戒していたこともあったようだ。刈谷藩は定期的に派遣隊を出動させ、十月二十八日には藩士一六名を、慶応三年二月五日には一四名を、五月九日には一三名を、九月二日には一五名を交代派遣し、最終的に十二月に第六次派遣隊が編制されたが、十月十四日に大政奉還がなされ、十二月九日に王政復古が宣言されたことから、これは派遣されなかったようで、十二月のうちに上嵯峨口警備を終えて全員帰藩した。

この京都滞在中に藩士たちが中央の情勢に触れ、情報を入れて帰ったことが、のちの刈谷藩の行く末を左右する一因となった。

▼**薬師寺**
京都市右京区嵯峨釈迦堂藤ノ木町。

慶応三年十月十四日、慶喜によって大政が奉還されると、刈谷藩内も慌ただしさを増した。まず同月二十五日、武家伝奏日野資宗《すけむね》から藩主上京の呼び出し状が届いた。その一カ月後の十一月二十五日には幕府が在府の大名を呼び集め、「今回のことは薩長の二藩などが幕府の失政を責めて朝廷に訴えたもので、諸侯はこれまで通り幕府に従うか否か」を問い、連判状を求めた。この時、利教は病気のために欠席し、代わって多米新左衛門が列席していた。一旦持ち帰って藩主の意向を確認したい旨を申し出たが聞かれず、代理で連判状に署名したという。

しかし事態は一刻を争う様相になっていた。先述の長州藩浪士事件により自宅謹慎の罪を得ていた濱田与四郎が、十一月に藩主への献言書を提出して脱藩し、京都へ走った。献言書には「すぐに上京し勅命を奉じることが朝廷への忠節であり、二百年来の幕府のご恩に報いることでもある」と述べ、「天下公行《こうこう》の正路を以て御実跡立てなされ候様、尤も、御家運の御興廃、此御一挙に御座有るべくや」とまで言っている。

次いで十二月二日、今度は岩倉具視の名で藩主上京の呼び出し状が届き、急ぎ江戸藩邸へ回送された。利教及び多米新左衛門らは、至急の藩主帰国が第一と決し、大坂城にある将軍徳川慶喜の警護を理由に帰藩を幕府に申し出、許可を得るや、慶応四年一月二日に江戸を出発し帰国の途に就いた。刈谷藩に到着したのは同月十四日であった。京ではすでに薩長と旧幕府軍との間で戦闘が始まっていたばかりか、同月四日に朝廷が薩長軍を官軍と認め、六日夜に慶喜は大坂城を捨て海路江戸へ逃亡し、鳥羽・伏見の戦いで旧幕府軍は瓦解していた。藩主の出発が遅れていれば取り返しのつかない事態になるところであった。

刈谷へ戻った利教は藩士を集めて意見を聞いた。ここで、倉田珪太郎・福代鉞《ふくしろえつ》太郎《たろう》が藩主上京の意見を述べたが、意見が容れられそうにないことから倉田は、石川良造・日高新平らと脱藩し、先に脱藩、上京していた濱田与四郎と合流して京都の情勢を国元へ知らせ藩主上京の急を説いた。

## 三家老斬殺事件

官軍の東征軍が組織されて、江戸が標的に定められた討幕大号令が発せられ、すでに桑名藩が官軍に恭順開城し、隣国尾張藩では青松葉事件《あおまつばじけん》★が起き佐幕派が弾圧され官軍につくという緊迫した状況下、岩倉具視からの呼び出し状が再度届き、相次いで朝廷からの勅書がもたらされる。脱藩した倉田らが藩主に進言するため、続々と帰国してくる中、藩は官軍に恭順し東征軍に協力することに決し、家老多米新左衛門が藩主代理として桑名藩と尾張藩に出向いて藩の方針を伝えた。

二月八日に多米は帰国、登城し、ここに至って刈谷藩は幕府・古河藩士井本家と決別することに決定した。しかし、すでに夜になっていたため、緊急に藩士を

▼**青松葉事件**（あおまつばじけん）
尾張藩十四代目藩主徳川慶勝（一八二四〜一八八三）は尾張藩支藩高須藩から養子にきた人物で、会津藩主松平容保・桑名藩主松平定敬・十五代尾張藩主徳川茂徳とともに高須四兄弟と称される。慶勝は尊皇攘夷派で安政の大獄により隠居謹慎させられ、弟茂徳が尾張藩主となる。安政七年に井伊直弼が暗殺されると将軍徳川家茂の補佐を命じられ、文久三年に茂徳が隠居すると十六代義宜の後見役となり藩政の実権を握った。大政奉還後、京都で朝幕融和のために奔走したが、鳥羽・伏見の開戦、慶喜の江戸への逃亡による官軍の討幕大号令により水泡に帰し、藩内でも尊皇攘夷派の「金鉄党」と佐幕派の「ふいご党」の対立がみられ、ふいご党が幼藩主義宜を奉じて幕府軍に投じる風評が流れた。帰国した慶勝は、慶応四年一月二十日、年寄列渡辺在綱、大番頭榊原正帰、石川照英の重臣を斬罪に処したのをはじめ、二十数名の佐幕派藩士を粛清した。先の風評や罪名が明らかにされない「非常の刑」であったが、尾張藩としては会津藩・桑名藩との関係もあり、藩の勤皇の立場を明確にするための犠牲事件であった。

招集するのは余計な混乱を招く恐れもあることから、藩士への公表伝達は翌日にすることに決し、家老及び集まった重役たちは下城した。時間にして午後十時半頃であった。その間、藩の決定を知らない倉田らは、もはや猶予ならずと、藩主に意見具申をし方針を勤皇にするには、その妨げになっている家老を殺害するほかはないとして、大手門外で、下城してくる家老らを待ち構えた。

家老襲撃に参加した勤皇派藩士は一八名であった。家老多米新左衛門・津田新十郎・黒田浜右衛門を殺害し、倉田らはそのまま登城して利教に上申書を提出した。利教は驚いたが、事態がこうなった以上、三家老の首と嘆願書を尾張藩に差し出して官軍への周旋を頼み、利教は二月二十五日に上洛し、事態は収束した。その後は三月六日に明治天皇に拝謁を果たし、四月に駿府城警備の命を受けている。

藩の家老が殺害されたことにより、入牢せられていた急進派は全て許されて復職し、脱藩藩士たちも帰藩を許され、大野信吾が筆頭家老に就いてその後の藩政を取り仕切った。

慶応四年(一八六八)四月に江戸城が無血開城されると、七月には江戸は東京と改められ、九月八日、明治と改元された。

三家老の墓所(十念寺/刈谷広小路)

## 重原藩立藩

刈谷藩と村替えになり、三河国重原に飛領地をもっていた福島藩は、戊辰戦争で奥羽越《おううえつ》列藩同盟に連なり、新政府軍に抗したため、敗北後は領地を没収された。明治元年（一八六八）十二月、三万石の領地から二千石を、さらに明治二年一月には福島城付地を没収され、代わって飛領地三河国重原と周辺の碧海・加茂・設楽《したら》の三郡一万七千石余りを与えられ、計二万八千石の重原藩が立藩され、福島藩は解体された。藩庁は、重原村においていた陣屋をそのまま使用している。

藩主は明治元年十二月に跡を継いだ板倉勝達《かつさと》で、明治四年七月の廃藩置県により重原県となるまでの二年半の間のみ存在した藩であり藩主であった。同年十一月に額田《ぬかた》県となり、明治五年、愛知県に編入された。

重原陣屋跡を示す碑が浄福寺前に建てられている
（刈谷市重原本町）

③

# 新しい時代への挑戦

明治の世になり武士階級が解体されると、藩士たちは禄を失った。煉瓦製造、養蚕業と、新時代に対応すべく士族籍を自ら返上して働き始める。旧藩士たちの、官に頼らない自立独行の挑戦。

## 士族籍の返上と生産義社

明治二年（一八六九）の版籍奉還、明治四年七月の廃藩置県で刈谷藩は消滅し、武士階級は解体され「士族」★と称され、彼らの帰農商が推進されていく。代わって刈谷県が設置され、旧藩主土井利教が藩知事になり、藩組織は一新されて城中に議政局が設けられた。濱田与四郎が執政総代に、執政に大野定《さだめ》（信吾《しんご》）・遠藤杢が就き、ほかに参与・内知事・公議人・公用人・市政方・民政方・大監察などの役職がおかれた。のち組織は再編され、濱田与四郎は権参事に就任している。最後の家老として幕末の混乱した藩政を収拾せしめた大野定は参事に就任し、十一月、豊橋・西尾・岡崎・刈谷・重原・挙母・半原《はんばら》・西端《にしばた》・田原・西大平の三河十県が統合され額田県となり、翌年、愛知県に統合されると刈谷戸長に就いた。

▼士族
明治維新後に旧武士階級にあたえられた族称。士族の下に卒族（足軽層）がおかれた。士族の戸籍の族籍記載は大正三年（一九一四）に廃止となっている。

大野定（個人蔵）

大野を中心に、旧刈谷藩士たちは自ら士族籍を返上して帰農することに決した。この自主返納は全国でも余り例のないことで、明治天皇から帰農奨励金一六万七一六〇円が下賜された。

この資金を元にして明治四年（一八七一）七月、士族たちによる「生産義社」が設立された。俸禄を失った旧藩士たちの生活救済が目的で、初代社長に大野定が就任した。資金を運用して利息の一割を毎月分配することや、農工を中心とする産業を興していくこと等が決められた。

生産義社の規則概略には、理念として「義社は士族の生活救済だけでなく、旧藩士たる意識をもって地域に貢献すること」を謳《うた》っている。

それまで農商工業に縁のなかった士族たちは、慣れない仕事に懸命に働きだした。翌年には金銭の貸付や質商にも乗り出し、刈谷に本店を、平坂《へいさか》（西尾市）と横浜（神奈川県横浜市）に支店を構えた。横浜支店が大いに黒字決算をあげ、順調にいくと思われたが、明治七年、平坂支店が赤字だったため、生産義社は大欠損であると宣伝された事や、多数の社員が分配金を請求した事などから、支店は閉鎖され解散となってしまった。

生産義社が失敗に終わってのち、明治十五年（一八八二）、刈谷に煉瓦製造工場建設の話が舞い込んできた。工部省が鎮台建設に必要な大量の煉瓦《れんが》を製造することになり、その製造候補地のひとつに刈谷があがったのである。工部大技長《こうぶだいぎちょう》宇

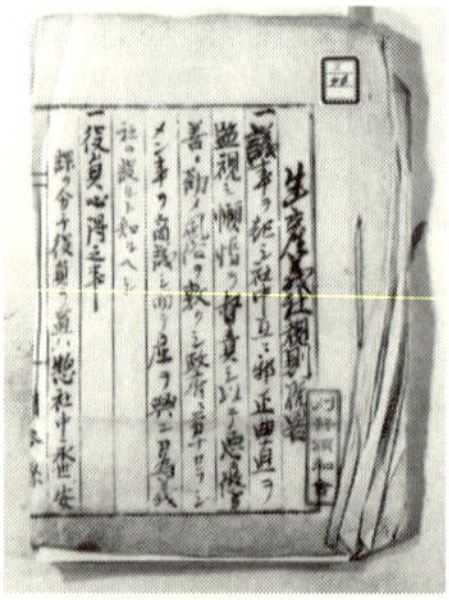
生産義社規則概略
（刈谷頌和会蔵）

生産義社　澤梅谷画（個人蔵）

都宮三郎★が建築用煉瓦の製造を国に提案したもので、門下斎藤実尭《さねたか》が代表となり「東洋組」が設立された。話を聞いた大野定は、士族の雇用を条件に用地買収に応じた。こうして刈谷に「東洋組刈谷分局」が完成し、定の弟大野介蔵《かいぞう》が中心となって士族一同は煉瓦製造に着手した。

東洋組は、刈谷分局・西尾分局・田原分局・岡崎分局がつくられ、刈谷と西尾では煉瓦、田原では石灰、岡崎では土管が製造された。刈谷分局製造の煉瓦は、東京湾砲台や横須賀市沖の猿島要塞《さるしまようさい》（明治十七年竣工）に使用されている。しかし、収入のない士族だけでなく生活に困る町民たちをも雇い入れ、事業が軌道に乗り出した頃、政府が財政上の都合で鎮台・砲台の建築用材を木造に変更したため需要がなくなってしまった。

▼宇都宮三郎
一八三四～一九〇二。尾張藩士神谷義重の三男で、のち宇都宮と改姓。砲術や舎密（せいみ）学を学び、江戸へ出て幕府の蕃所調所で教えた。維新後は、明治政府のもとでセメントや耐火煉瓦の研究・製造をしており、日本初のセメント製造に成功した。舎密学と呼ばれていた学問に「化学」の名称を付けたことでも知られ、「日本の近代化学の父」といわれる。

## 東洋組刈谷就産所

大野介蔵は、明治二十年頃「東洋組刈谷就産所」を新たに興し、重さ二貫（七・五キログラム）の煉瓦見本を持って名古屋中の瓦屋や建材店へ営業に駆け回った。しかし当時、煉瓦は一般に周知されておらず、どこへ行っても「これは何に使うものですか」と尋ねられる始末であった。『大野介蔵伝』によると、買ってみようという人は皆無で、途方にくれて名古屋の堀川の橋の上から投げ捨てて帰ったこともあったという。

明治二十一年、官営鉄道東海道線の建設が決定し、介蔵は鉄道局から大量受注を受けた。これによって就産所はようやく軌道に乗り、地域の一大失業者救済事業となった。

『大野介蔵伝』では、この東洋組刈谷就産所事業の特徴をふたつ挙げている。ひとつは「大勢の人家族とともに働いていくのであるから生活の物資は出来る限りまとめて購入して必要に応じて働く人に安く買うことのできるように」と考え、現在の生活協同組合の形態をとって、米・塩・味噌・燃料などを一括購入し配給する制度を取っていたことである。ふたつめは「主人と使われる者との心きずなの断つことの出来ない信頼関係の結び付き」が日頃から形成されており、「働く者の幸福を願った思い遣《や》りこそ、煉瓦工場が発展した原動力となったものである」としていることで、刈谷の気風をよく表している。

明治二十二年、東海道線が東京から神戸まで開通し、刈谷の煉瓦は駅プラットホームや橋梁、トンネルなどに広く使われ、明治の日本の発展に寄与することとなった。

この東洋組刈谷就産所は、のち「大野煉瓦工場」と名前を変え、煉瓦と瓦製造の規模が徐々に拡大し、昭和初年には敷地面積六〇〇〇坪、一年間の生産量は三〇〇万個に達するまでに成長した。

大野煉瓦工場　澤梅谷画（個人蔵）

東洋組刈谷就産所　澤梅谷画（個人蔵）

# 蚕都刈谷の歩み

士族の「生産義社」の殖産のひとつとして、蚕業《さんぎょう》も大規模に行われた。これは福島県から生産義社が桑の苗二〇〇本を買い入れ、明治十六年（一八八三）頃から高野松次郎《たかのまつじろう》らが中心になって始めた。

高野松次郎は文久元年（一八六一）、刈谷藩士高野彦七基能《もとよし》の嫡男として誕生し、明治維新前後に藩校文礼館で和漢学や英語を学び、のち稲武《いなぶ》村（豊田市稲武町）の篤農家《とくのうか》古橋源六郎のもとで蚕業・農政を学んだ。松次郎らが始めた養蚕《ようさん》業は次第に広まり、刈谷町内でも七、八〇戸の家が始めるようになった。繭《まゆ》問屋が開かれ、東三河や長野県からも製糸業者が出張所を刈谷に設け、大いに賑わったという。

松次郎は明治十八年、刈谷町新中根に「高野蚕種《さんしゅ》製造所」を興して以後、分場を岩手県に、豊橋・挙母に支店を構えるほどに成長した。松次郎の嫡男耐三《たいぞう》は、蚕業先進国フランスのモンペリエ大学へ留学し、イタリアで採取した蚕の野生種をもとに「伊黄繭《いおうけん》」「文金黄《しきんおう》」という、多糸量の新品種をつくったことで知られる。伊黄繭の蚕種紙《さんしゅし》は、富岡製糸場を操業してきた片倉製糸紡績株式会社にも多く出荷された。

蚕種の生産高は高野蚕種製造所だけでも昭和五年（一九三〇）には一年間に五

東洋組製造瓦（刈谷市郷土資料館蔵）

高野松次郎（個人蔵）

万枚にもなっており、蚕都《さんと》と称せられるほど、明治から戦前までの一大産業地であった。刈谷市産業振興センターの屋根の形状は繭を表しており、蚕都刈谷の象徴を今に伝えている。

## 城下町から産業都市へ

明治二十一年（一八八八）、東海道線刈谷駅が設置され、大正三年（一九一四）には私鉄三河鉄道株式会社（現在の名鉄三河線）が設立され、刈谷町《かりやまち》駅（現・刈谷市駅）が操業を開始する。鉄道の普及に伴い、県下でいち早い学校の建設や東《とう》洋耐《ようたい》火煉瓦《かれんが》株式会社の工場誘致などがあったものの、大正期の刈谷町はまだ静かな城下町風情を保っていた。城下町が産業都市として変貌、発展した背景には、豊田佐吉《とよださきち》との出会いがあった。

豊田佐吉は、慶応三年（一八六七）、現在の静岡県湖西《こさい》市に生まれている。小学校を卒業すると、父の大工仕事を手伝っていたが、かねてから世の中の役に立ちたいと考えていた佐吉は、サミュエル・スマイルズの著書『西国立志編』と出合う。イギリスの発明家たちに感銘を受け、明治十八年に「専売特許条例」が公布されたことも相まって、佐吉の関心は発明へと傾いていき、織機《しょっき》の改良、発明に人生を投じた。

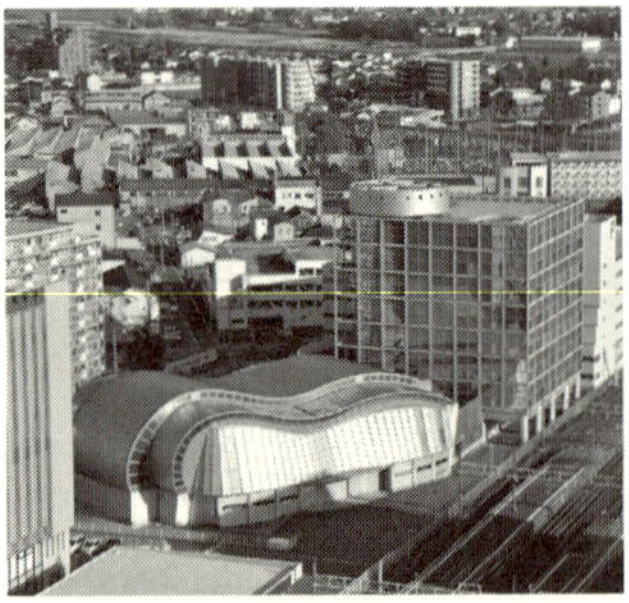
繭を表す刈谷市産業振興センター

大正末期頃の高野蚕種製造所と働く婦人たち（個人蔵）

明治二十三年に豊田式木製人力織機、明治三十年に豊田式木製動力織機を発明し、幾度も改良を重ねながら、明治四十年、豊田式織機株式会社を創立した。明治四十三年、渡米した佐吉は、発明品は試験を十分重ねなければならないこと、それには製品の大規模試験工場が必要であることを痛感し、大正七年、豊田紡《ぼう》織《しょく》株式会社を設立すると、試験工場に最適な土地を刈谷に求めた。豊田佐吉の義息豊田利三郎と刈谷区長大野一造（大野介蔵の長男）との間で話が進められ、一〇万坪の土地に大正十二年、豊田紡織刈谷試験工場が完成したのである。この刈谷工場は、三年後には織機五二〇台・紡機《ぼうき》二万錘《すい》が設置される規模となり、佐吉は毎日のように名古屋から刈谷へ通って、自動織機の改良・運転に携わった。

大正十三年、佐吉の無停止杼換式《ひがえしき》豊田自動織機（G型）が完成すると、大正十五年に豊田自動織機製作所が前記刈谷工場に隣接して建設された。これを機に刈谷は職人や雇用が増え、産業都市として大きく発展していくことになる。

豊田自動織機製作所の土地買収の際、豊田利三郎から預かった金額の余剰金一万円を、町会の決議によって利三郎へ返済したことがあった。利三郎はその対応に感じ入り、返却された余剰金を亀城小学校の大講堂建設費として寄付したため、刈谷町は賞勲局に叙勲手続きをし、利三郎に紺綬褒章が授与された。こうした刈谷町の対応と立地の良さに刈谷の地と豊田の信頼関係が築かれ、以後も豊田側は、新工場を建設する際には必ず刈谷へ用地を求めた。

明治二十三年発明の豊田式木製人力織機（トヨタ産業技術記念館提供）

大正13年に完成した世界最高性能の無停止杼換式豊田自動織機（G型）の第１号機（トヨタ産業技術記念館提供）

佐吉は昭和五年（一九三〇）に死去したが、跡を継いだ長男喜一郎は、豊田自動織機製作所内に自動車部を誕生させ、大衆自動車の開発に取り組んだ。同十年、トヨタ初の乗用車第一号（A1型）が刈谷で誕生し、同十二年に自動車部門が独立してトヨタ自動車工業株式会社が設立されたのである。

昭和十年、佐吉の六周忌に、佐吉の産業報国の精神を受け継ぎ事業経営の規範となる「豊田綱領《こうりょう》」が制定された。

一、上下一致、至誠業務に服し、産業報国の実を挙ぐべし。
一、研究と創造に心を致し、常に時流に先んずべし。
一、華美を戒め、質実剛健たるべし。
一、温情友愛の精神を発揮し、家庭的美風を作興《さっこう》すべし。
一、神仏を尊崇し、報恩感謝の生活を為すべし。

刈谷が豊田コンツェルンとともに発展してきたその根底には、豊田佐吉の発明家・事業家としての信条と、土地の気質が見事に符合したのである。

豊田佐吉胸像（刈谷市城町）

これも刈谷

# 東海道　池鯉鮒《ちりゅう》宿を歩く

慶長六年（一六〇一）に開かれた京都、江戸間の東海道。参勤交代や旅人の往来賑やかに、馬市や木綿市で栄えた江戸日本橋から三九番目の宿場町池鯉鮒。

## 本陣跡

大名や公家など貴人が休憩・宿泊する場所で、池鯉鮒宿には一軒の本陣があり二九〇〇坪の敷地の広さがあった。

池鯉鮒宿の碑

## 問屋場跡

公用旅行者から連絡を受けて人馬や継飛脚《つぎびきゃく》の継ぎ立て、手配などを行う。長《おさ》を問屋といい、補佐役に年寄、事務担当の帳付などがいた。

## 来迎寺の一里塚

一里塚は道の両側に五間四方の塚を築いたもので、一里（四キロメートル）ごとに設けられていた。旅程をはかる目印であり、馬や駕籠の賃銭の目安ともなった。来迎寺集落に残る一里塚は二つの塚とも残されており愛知県指定史跡。

問屋場之跡碑

本陣跡

来迎寺の一里塚

## 馬市の碑

盛大に開かれていた馬市は、歌川広重の浮世絵や当時の紀行文などでもよく知られる。かつて毎年四月二十五日から五月五日までの十日間にわたって開かれ、全国から人が集まり非常な賑わいをみせた。

馬市の碑

これも刈谷

# 刈谷の人物②　天誅組に参加した刈谷藩士

## 松本奎堂《けいどう》

天保二年（一八三一）、刈谷藩用人《ようにん》兼漢学・甲州流軍学師範松本印南《いなみ》の二男として生まれる。諱《いみな》は衡《たいら》、通称は謙三郎。幼い頃から神童の誉れが高く、三歳で字を書き四歳で「大学」を暗誦したという。十八歳の時、槍術の稽古試合中に目を傷つけられ、左目を失明した。しかし慌てることなく端座して「片目でも結句眺めのよしの山」の歌を詠んだという話がある。

松本奎堂肖像
（刈谷市郷土資料館蔵）

伊藤両村《りょうそん》の塾や昌平坂学問所で学び、嘉永六年（一八五三）には江戸藩邸で教授兼侍講を務めるほどであった。その交友から尊皇思想をもち、嘉永六年、藩主利善に藩政改革の上書をしている。その内容は、家老の職務怠慢・普請の無駄・練兵の規律のなさ等であり、藩内で物議を醸し謹慎を命じられた。のち許されて昌平坂学問所に復学し詩文掛・舎長にもなったが、安政五年（一八五八）に自主退学してそのまま脱藩、名古屋などで塾を開いて門弟を教え、同志たちと時勢を論じた。

十念寺の松本奎堂墓所

特に昌平校時代の朋友肥後国大村藩士松《まっ》林飯山《ぱやしはんざん》・仙台藩士岡鹿門《おかろくもん》とは肝胆相照らす仲で、大坂へ居を移し「雙松岡学舎《そうしょうこう》」を開塾した。

文久三年（一八六三）八月、孝明《こうめい》天皇の大和行幸を機に、天誅組を結成、総裁に就任した。大和五條の代官所に討ち入って倒幕の狼煙《のろし》を上げ、天誅組決起の檄文や軍令などの起草作成を任じた。幕府軍との長い戦闘や陣中での生活の中で右目の視力も失われ、戦えない身ながらも常に一党の精神的主柱であり続けた。

同年九月二十五日、幕府軍に追われ、伊豆尾村（奈良県吉野郡東吉野村伊豆尾）庄屋宅へ逃れてきたが、ほかの隊士たちを先

刈谷市司町の松本奎堂生誕地碑

に逃がし自らは萩原村（奈良県吉野郡東吉野村萩原）の山中で紀州藩兵に討たれた。享年三十三。辞世は「君がため命死にきと世の人に語りつぎてよ峰の松風」

亀城公園内の松本奎堂歌碑

## 宍戸弥四郎《ししどやしろう》

天保四年（一八三三）、刈谷藩用人宍戸昌蔵の六男に生まれる。諱は昌明。若い頃から兵書を好み、嘉永六年（一八五三）のペリー来航により外交・海岸防備の問題が起こると、抜擢されて大小姓となり、江戸藩邸勤務となった。山鹿《やまが》流兵学を学び、練兵世話掛の任に就き、国元での恩田山調練等に大いに力を発揮した。安政六年（一八五九）、致仕して関東を中心に遊学した。

松秀寺の宍戸弥四郎墓所

細かい事を気にしない闊達な人物で、体格・体力ともに人より優れており、父が病で倒れたとの知らせを受けた時は、江戸から刈谷まで僅か徒歩三日で帰ったという。その後上京し、藤本鉄石や松本奎堂らと時事を談じ、天誅組に参加し合図掛を任じた。

宍戸弥四郎肖像
（刈谷市郷土資料館蔵）

天誅組記録方伴林光平《ともばやしみつひら》は宍戸を「性沈黙寛温、能く人を敬す。尤も軍事に委し」と評した。寡黙《かもく》な強持《こわも》てのする人であったが温情に富み、子供もすぐに懐《なつ》いたという。

文久三年（一八六三）九月二十四日、鷲《わし》家口《かぐち》村（奈良県吉野郡東吉野村）において本隊を逃がすための囮作戦で決死隊に志願し、那須信吾ら五名とともに彦根藩の陣に斬り込み、壮絶な最期を遂げた。その懐《ふところ》には埋葬費と書かれた一〇両が入っており、彦根藩兵を感嘆せしめた。享年三十一。辞世は「今はただ何かおもはむ敵あまたうちて死にきと人の語らば」

刈谷市広小路の宍戸弥四郎生誕地碑

エピローグ

# 刈谷藩の歴史遺産

刈谷城は、明治四年（一八七一）の廃藩置県によって廃城となったあと、政府の管理下におかれ、明治六年（一八七三）、城郭建物、石垣、文礼館が入札にかけられ散逸し、長い年月の中で建造物は悉《ことごと》く失われた。大野家の当主介蔵は「亀城殖産合名会社」を組織して旧城址の保存に努めた。のち、刈谷町が買い上げて亀城公園として整備したが、第二次世界大戦の末期、城址に残っていた老樹は伐り倒されてしまい、古《いにしえ》の風景はあとかたもなくなったという。

戦後、公園は四季を通じて人々の憩いの場となってきたが、平成二十一年から刈谷城の隅櫓や石垣を調査復元する動きが刈谷市で始まった。それは現在、産業都市として歩む刈谷が、かつて城下町であったこと、城や城下町における人々の暮らしがあったことを示唆《しさ》してくれる。

城は地域の歴史シンボルであり、歴史はそこに暮らす人々の誇りである。隅櫓や石垣の復元は、単なる建造物の復元ではなく、刈谷を治め守り発展させてきた先人たちの想いを復元することであり、未来へ繋ぎ残していくものではないだろうか。

大政奉還によって徳川幕府が終焉《しゅうえん》を迎え王政復古が成ると、薩長を中心とする新政府軍は東征へと突き進んだ。東北諸藩は奥羽越列藩同盟を結んで幕府側につき最後まで戦ったが、徳川家ゆかりの譜代大名が集まる三河国では、刈谷藩はじめ諸藩は幕府に殉じることはなかった。駿遠《すんえん》三《さん》列藩同盟などが出来ていても不思議ではない地域に思えるが、そこが三河なのかもしれない。尾張藩の影響や京都に近い地理的問題もあろう。瀬戸際まで去就を決めかねたものの、最後は新しい時代を受け入れた。生き残るためには如何にすべきかとする、戦国期そのままの強《したた》かさが垣間見える。一方で新政府軍は東征にあたって三河国の譜代藩を戦力として当てにせず、明治新政府においても、以前から繋がりのあった個人を除いて刈谷藩から官途に就く者はいなかった。結果、それが幸いし地元に優秀な人材が留まった。

明治期を支えた人々の中から大野家について述べたい。定は江戸時代最後の筆頭家老として、幕末から明治の藩政を取り捌《さば》き、明治十二年、愛知県会議員となり、東洋組刈谷就産所を興して士族の救済を図った。定の弟介蔵は、東洋組を引き継ぎ大野煉瓦工場を設立、鉄道の開業に尽力し、介蔵の長男一造は、豊田佐吉との出会いから豊田紡織工場建設を推進し、愛知県立第八中学校（現・愛知県立刈谷高等学校）や刈谷町立高等女学校（現・愛知県立刈谷北高等学校）の創立など教育にも力を注いだ。介蔵は、明治十七年、定から次の言葉でもって後事を託されたという。

「刈谷を理解し刈谷を愛し、刈谷の為に働いて貫いたい。刈谷発展のために努力せしめよ。」

明治期以後、この言葉を具現する人々が多く活躍し、譜代の刈谷藩を埋没させず、自立独行《どっこう》で有数の産業都市へと発展させてきた。根底にあるのは「豊田綱領」が、はからずも表しているように、戦国時代の争覇から江戸時代という長い歴史の中で培われてきた気質にほかならない。

# あとがき

刈谷頌和会、刈谷郷土文化研究会の先生方とは、天誅組の研究で以前から御縁があった。そして平成二十五年の「天誅組一五〇年記念事業」に携わったことから、刈谷市が同年に開催した「刈谷城築城四八〇年記念事業」で更なる御縁が出来た。その経緯もあって本書執筆の決断をしたのであるが、その時思ったのは、ご縁が出来た地に自分が出来ることをしたいということ、刈谷の人々が見てきた歴史や風景を、自分も同じ場所に立ち同じ視点で、ともに見たいということであった。

本書では、二十二人もの藩主の主だった人物の人間像に迫りながら、刈谷藩前後の事蹟や家柄をも取り上げてみた。それは、日本史の中から刈谷藩の歴史だけを切り取るのではなく、江戸時代の流れの中での位置づけや他藩との関わりに言及する必要があると考えたからである。とはいえ力不足な部分も大いにある。御容赦願いたい。

刈谷は、東海地域をリードする産業都市としてのイメージが強いが、一歩足を踏み入れると、そこには地方の田舎と変わらない日本の風景や、古くからの人々の営みがある。本来の営みを守りつつも、本文で紹介してきたように、新しいものへのあくなき挑戦をしてきた人々の姿がある。それに目を向けることが歴史を知ることであると考える。

土地には、遥か昔から生きてきた先人達の汗や涙、血が染み込んでいる。生えている草のひとつ、吹き渡る風は先人達が触れてきたものと同じである。騒音が多く、土に触れることが少なくなった現代において、遥か昔の戦国期や江戸時代の暮らしを想像するのは難しいかもしれない。しかし、静かな夜の刈谷城址、あるいは五月の黎明の小堤西池に立った時。かつて存在した城郭から人々の声が聞こえ、また朝露が光り素朴かつ凛として咲くカキツバタは、はるか昔の風景を彷彿とさせはしないだろうか。

本書が、地域の若者たちが将来、全国や世界へ進出し活躍していった時、誇りをもって我が郷土の歴史を人に話す、その一助になれば幸いである。

取材にあたって多くの方にご教授を賜った。特に刈谷頌和会、刈谷市職員の皆様には多大なる便宜を図っていただいた。かえって迷惑をかけたのではないかと危惧する次第である。ご指導いただいた古今すべてのかたに感謝を申し上げるとともに、遅筆にも拘らず長らく待って下さった現代書館菊地泰博社長、何度も校正のご苦労をおかけしたスタッフの皆様、戊辰戦争研究会高橋美智子様にも御礼を申し上げたい。最後に、刈谷及び三河地域が今後益々繁栄していくことを祈念して、筆を擱《お》く。

平成二十八年三月

## 参考・引用文献


『愛知縣史　第二巻』愛知県・一九三八
『広島県史　近世資料編Ⅰ』広島県・一九七三
刈谷町史編纂会『刈谷町史』名著出版・一九七三
刈谷市誌編さん委員会『刈谷市誌』愛知県刈谷市役所・一九六〇
刈谷市史編さん委員会『刈谷市史』刈谷市・一九八九
知立市史編纂委員会『知立市史』知立市・一九七六〜七九
豊明市史編集委員会『豊明市史総集編』豊明市・二〇〇七
『東浦町誌』東浦町企画課・一九七九
東浦町誌編さん委員会『新編東浦町誌・本文編』愛知県知多郡東浦町・一九九八
高浜市誌編さん委員会『高浜市誌』高浜市・一九七六
『参河國碧海郡誌』碧海郡教育会・一九一六
塩見精太郎『福知山市史』福知山市役所・一九八二
近藤杢・平岡潤『桑名市史　本編』桑名市教育委員会・一九八七
『岩槻市史』岩槻市役所・一九八一
大多喜町史編さん委員会『大多喜町史』大多喜町・一九九一
松山市史編集委員会『松山市史』松山市役所・一九九三
『仙臺市史』仙臺市・一九二九
仙台市史編さん委員会『仙台市史』仙台市・二〇〇一
福島市史編纂委員会『福島市史』福島市教育委員会・一九七三
刈谷市教育委員会『刈谷町庄屋留帳』愛知県刈谷市・一九八九
黒板勝美・國史大系編集會『徳川実紀』吉川弘文館・一九七六
黒板勝美・國史大系編集會『新訂増補國史大系第三巻　日本後紀』吉川弘文館・一九六六
森田悌『日本後紀　全現代語訳』講談社・二〇〇六
太田ぜん『新訂　寛政重修諸家譜』続群書類従完成会・一九六四
桑田忠親『改正三河後風土記』秋田書店・一九七六、一九七七
久曽神昇『三河文献集成　中世編』愛知県宝飯地方史編纂委員会・一九六六
久曽神昇『近世三河地方文献集』国書刊行会・一九八〇
新井白石『新編　藩翰譜』新人物往来社・一九七七
大久保彦左衛門原著・小林賢章訳『原本現代訳　三河物語』ニュートンプレス・一九八〇
岡谷繁實『名将言行録』文成社・一九〇九
発行者　緑川亨・校訂者　森銑三『常山紀談』岩波書店・一九三八
金井圓『江戸史料叢書　土芥寇讎記』人物往来社・一九六七
間瀬博夫『刈谷城物語』一般財団法人刈谷頌和会・一九八二
宇野幸男『刈谷藩に関する研究』粥川印刷所・一九五九
『刈谷城築城四八〇年記念会記録全集』一般財団法人刈谷頌和会・二〇一四
刈谷市仏教会編『刈谷市寺院録』一九八七
『刈谷の地名』歴史を学ぶ会「椎」・一九九六
村瀬正章『近世伊勢湾海運史の研究』法政大学出版局・一九八〇
名古屋地方気象台『愛知県災害史』愛知県・一九七〇
大石学「刈谷城付四か村について」（かりや第十八号所収）刈谷市郷土文化研究会・一九九七
平井隆夫『福山開祖　水野勝成』新人物往来社・一九九二
『古文書調査記録第一集　水野勝成覚書』福山城博物館友の会・一九七八
『古文書調査記録第四集　結城水野家文書』福山城博物館友の会・一九八〇
日本史料選書七『不揚録・公徳辨・藩秘録』近藤出版社・一九七一
水野勝之・福田正秀『加藤清正「妻子」の研究』ブイツーソリューション・二〇〇七
水野勝之・福田正秀『続　加藤清正「妻子」の研究』ブイツーソリューション・二〇一二
福田正秀『宮本武蔵研究論文集』歴研・二〇〇三
福田正秀「武蔵に尋ねよ」（サライ二〇一五年五月号所収）小学館・二〇一五
石井道彦『譜代大名水野家の物語　真珠院開基忠清家系を中心として』真珠院・二〇〇四
『下総結城水野家　水野家中吉田家小場家平井家文書目録』茨城県歴史館・一九八〇
紀伊国新宮住水野八十郎『水野家系略譜』一九一三
『水野家系略譜』楞厳寺・一九四一
宇高良哲『於大の方と傳通院』無量山傳通院・二〇一一
東浦町教育委員会『戦国時代絵巻　徳川家康の母於大の方と水野氏』東浦町教育委員会・二〇〇六
鈴木定雄『島原の乱と三河武士』六法出版社・一九九四
渡部政弼『深溝世紀第七　烈公』島原市教育委員会・一九九五
続史料大成刊行会『家忠日記全二巻』臨川書店・一九九七
盛本昌広『松平家忠日記』角川書店・一九九九
『地域史深溝』地域史深溝編さん委員会・一九九九
杉浦弘『『祖宗紀功碑文』訳文』（研究紀要第十八号所収）岡崎地方史研究会・一九九〇
根本惟明『福知山市制施行六〇周年記念　松平忠房小伝』福知山市文化財保護審議委員・一九九七

『幸田町社寺文化財調査報告第2集　愛知県額田郡幸田町深溝松平家菩提寺　瑞雲山本光寺文化財調査総合報告』幸田町教育委員会・二〇一三
『史跡島原藩主深溝松平家墓所』幸田町教育委員会・二〇一四
本光寺霊宝会『深溝松平家墓所と瑞雲山本光寺』松平貞忠・瑞雲山本光寺・二〇一〇
松平勝成編『予陽叢書第四巻　松山叢談』臨川書店・一九七三
『伊予史談会双書第八集　予松御代鑑』伊予史談会・一九八三
『伊予史談会双書第十四集　却睡草・赤穂御預人始末記』伊予史談会・一九八六
景浦稚桃『松平不白公』（伊豫史談第十五号所収）伊予史談会・一九二六
藤本数夫『祝谷山常信寺の歴史と松平家』（伊豫史談第三三四号所収）伊予史談会・二〇〇四
景浦直孝『伊予史論考』関洋紙店印刷所・一九六一
『愛媛の文化　第八号』愛媛県文化財保護協会・一九六八
徳富猪一郎『近世日本国民史　徳川幕府上期下巻』民友社・一九三六
小林為文『稲垣氏世記』（私家版）
『昭和改訂　稲垣世記』長興寺・一九六九
『平成新修　長興寺誌』長興寺・一九九一
稲垣長賢『稲垣家の系譜に就いて』一九七一
稲垣真藻『個性三十八号』個性の会・二〇一二
稲垣真藻『個性三十九号』個性の会・二〇一三
大脇良夫・植村善博『治水神禹王をたずねる旅』人文書院・二〇一三
桝谷政則『稲垣摂津守重綱と国分村』（私家版）
土井利徳『嘯月集』嘯月集を読む会・一九八〇
刈谷古文書研究会編『刈谷叢書第一輯　刈谷藩における寛政一揆史料集』西村書房・一九七一
刈谷古文書研究会編『刈谷叢書第二輯　三州和泉屋平右衛門太田家文書』西村書房・一九七三
谷沢靖・永田友市『刈谷叢書第三輯　西三河の俳人中島秋挙』西村書房・一九八二
刈谷古文書研究会編『刈谷叢書第四輯　土井伊予守家老覚帳　延享年間西尾から刈谷へ』西村書房・一九九四
刈谷古文書研究会編『刈谷叢書第五輯　分限帳　刈谷土井家臣録』西村書房・一九九八
刈谷古文書研究会・一般財団法人刈谷頌和会編『刈谷叢書第六輯　分限帳　刈谷土井家家臣録』二〇一四
村瀬正章・高井竜典『幕末・維新のかりや』刈谷市教育委員会・刈谷市郷土文化調査研究会・一九六九
土井雅代校閲・沢俊一調査『三河国刈谷藩主土井氏系譜一～三』（かりや第二～四号所収）刈谷市郷土文化研究会・一九八一～八三
村瀬正章『村上忠順記録集成』文献出版・一九九七
新行紀一『村上忠順叢書第七　『座右記』にみる村上忠順像』村上忠順翁顕彰会・二〇〇六
新行紀一『村上忠順叢書第八　和歌の神童と刈谷藩表御医師』村上忠順翁顕彰会・二〇〇七
新行紀一『村上忠順叢書第九　医者が見た刈谷藩と嘉永七年大地震』村上忠順翁顕彰会・二〇〇八
新行紀一『村上忠順叢書第十　参勤交代と東海道の旅』村上忠順翁顕彰会・二〇〇九
新行紀一『村上忠順叢書第十一　村上忠順　花のお江戸滞在記』村上忠順翁顕彰会・二〇一〇
新行紀一『村上忠順叢書第十二　お駕籠に揺られて東海道は上り旅』村上忠順翁顕彰会・二〇一一
山田孝『村上忠順と天誅組』（かりや第三十号所収）刈谷市郷土文化研究会・二〇〇九
『土井家御廟所完工記念誌』一般財団法人刈谷頌和会・一九六八
三ツ松悟『嵯峨野賛歌』二〇一三（私家版）
杉浦元司『志士佐々木市兵衛略傳』一九二三
宇野太一『郷土資料人物編　復刻版』富士松の歴史と自然を学ぶ会・二〇〇七
市村咸人『伊那尊王思想史』国書刊行会・一九七三
村瀬正章『幕末・維新期における刈谷藩の動向』（三河地域史研究第四号所収）三河地域史研究会・一九八六
村瀬正章『刈谷藩三家老斬殺事件の真相』（三河地域史研究第二十号所収）三河地域史研究会・二〇〇二
杉浦楊七『大野介蔵傳』大野裕史・一九八四
大野一造『刈谷と大野家　附窯業技術家としての大野一造』一九六五
大野一造『豊田利三郎君と刈谷市』
大野一造『刈谷が市になる迄の発展史』一九五五
大野一造『迎喜寿我足跡』一九六一
大野一造『刈谷市人物一覧』一九六五
高野基弘『刈谷の蚕業と高野蚕種製造所』（私家版）
水野信太郎『日本煉瓦史の研究』法政大学出版局・一九九九
明治用水百年史編さん委員会『明治用水百年史』明治用水土地改良区・一九七九
毎日新聞岡崎支局『明治用水　地域をひらいて一世紀』毎日新聞中部本部・一九八〇
豊田自動織機製作所社史編集委員会『四十年史』豊田自動織機製作所・一九六七
石田退三『トヨタ語録』ワック株式会社・二〇〇六
池田政次郎『石田退三経営録　トヨタ商魂の原点』PHP研究所・一九八四

太田商事株式会社『商い一筋に』社史編纂委員会・一九八二
『新編愛知県偉人伝』愛知県郷土資料刊行会・一九七九(再復刻版)
石田正治『三遠南信産業遺産』春夏秋冬叢書一六・二〇〇六
三河繊維振興会『三河繊維産地の歴史』一九七五
亀城小学校創立百周年記念事業実行委員会記念誌委員会『亀城小学校の百年』亀城小学校創立百周年記念事業実行委員会・一九七三
黄懐信『鶡冠子彙校集注』中華書局出版・二〇〇四
河野和夫『刈谷の万燈祭』愛知県郷土資料刊行会・一九九七
河野和夫『刈谷の大名行列と山車祭』風媒社・二〇一五

## 図録

『市制五〇周年記念　戦国・江戸時代のかりや展』刈谷市教育委員会・二〇〇〇
『刈谷城築城四八〇年記念展』刈谷市教育委員会・二〇一三
『東海道制定四〇〇年記念　浮世絵にみる池鯉鮒宿』知立市歴史民俗資料館・二〇〇一
『八橋無量寿寺　伊勢物語と方巌売茶翁』知立市歴史民俗資料館・二〇〇八
『三河武士と家康の肖像画』岡崎市・三河武士のやかた家康館・一九九四
『大阿部家展　その流れと武家文化の粋』福山城博物館・二〇一一
『福山城築城三九〇周年記念 福山城展　城郭と城下町』福山城博物館・二〇一二
『国宝名物日向正宗　三井記念美術館と小松コレクションの名刀』ふくやま美術館・二〇一四
『「トヨタ産業技術記念館」ガイドブック改訂版』トヨタ産業技術記念館・二〇一四
『絵図に描かれた柏原の村々』柏原市立歴史資料館・二〇一〇
『雪と氷「雪華図説から近現代の美術まで」』群馬県立館林美術館・二〇一二
『台地を拓く都築弥厚の夢』安城市歴史博物館・二〇一五

## 辞典

国史大辞典編集委員会『国史大辞典』吉川弘文館・一九七九〜一九九七
『江戸三百藩藩主総覧　歴代藩主で辿る藩政史』新人物往来社・一九九七
藩主人名事典編纂委員会『三百藩藩主人名事典』新人物往来社・一九八六
大石学『近世藩政藩校大事典』吉川弘文館・二〇〇六
『日本歴史地名体系第二十三・愛知県の地名』平凡社・一九八一
竹内誠・深井雅海『日本近世人名辞典』吉川弘文館・二〇〇五
深谷克己監修・斎藤純、保坂智編集『百姓一揆事典』民衆社・二〇〇四
小和田泰経『戦国合戦史辞典』新紀元社・二〇一〇

## 協力者(敬称略)

刈谷市
刈谷市教育委員会
幸田町教育委員会
一般財団法人刈谷頌和会
刈谷市中央図書館
野田資料館(愛知県刈谷市)
鳥羽市立図書館(三重県鳥羽市)
茨城県立歴史館(茨城県水戸市)
福山城博物館(広島県福山市)
傳通院(東京都文京区)
楞厳寺(愛知県刈谷市)
本光寺(愛知県額田郡幸田町)
玄向寺(長野県松本市)
常信寺(愛媛県松山市)
賢忠寺(広島県福山市)
天増寺(群馬県伊勢崎市)
高野基弘
三ツ松悟
市川知義
澤俊明
太田宗一郎
大野裕史
山田孝
長谷川吉彦
水野勝之
水野節子
土井正統
松平永子
稲垣長利
稲垣真藻
本多大将
山本実
桝谷政則
福田正秀
藤森武
石村知愛

**舟久保藍**（ふなくぼ・あい）
昭和四十七年（一九七二）生まれ。奈良県在住。歴史研究家。
第二回奈良日賞受賞（奈良日日新聞社・平成二十五年）。
著書に『実録天誅組の変』（淡交社）、『真田丸を歩く』（共著）（現代書館）他。

シリーズ藩《はん》物語《ものがたり》 **刈谷藩《かりやはん》**

二〇一六年四月十日　第一版第一刷発行
二〇一六年六月十日　第一版第二刷発行

著者――舟久保藍
発行者――菊地泰博
発行所――株式会社 現代書館
東京都千代田区飯田橋三―二―五　郵便番号 102―0072　http://www.gendaishokan.co.jp/
電話 03―3221―1321　FAX 03―3262―5906　振替 00120―3―83725
組版――デザイン・編集室 エディット
装丁――中山銀士＋杉山健慈
印刷――平河工業社（本文）東光印刷所（カバー・表紙・見返し・帯）
製本――越後堂製本
編集――加唐亜紀
編集協力――黒澤　務
校正協力――二又和仁

 ISBN978-4-7684-7140-1

# 江戸末期の各藩

松前、八戸、七戸、黒石、**弘前**、**盛岡**、**一関**、秋田、亀田、本荘、秋田新田、仙台、松山、**新庄**、**庄内**、天童、長瀞、**山形**、上山、**米沢**、米沢新田、相馬、福島、**二本松**、三春、**会津**、**守山**、棚倉、平、湯長谷、泉、**村上**、黒川、三日市、**新発田**、村松、三根山、与板、**長岡**、椎谷、**高田**、糸魚川、松岡、笠間、宍戸、**水戸**、下館、結城、**古河**、下妻、府中、土浦、麻生、谷田部、牛久、大田原、黒羽、烏山、喜連川、**宇都宮・高徳**、壬生、吹上、**足利**、佐野、関宿、高岡、佐倉、小見川、多古、一宮、生実、鶴牧、久留里、大多喜、請西、飯野、佐貫、勝山、館山、岩槻、忍、岡部、**川越**、沼田、前橋、伊勢崎、館林、高崎、吉井、小幡、安中、七日市、飯山、須坂、**松代**、**上田**、**小諸**、岩村田、田野口、**松本**、諏訪、**高遠**、飯田、金沢、荻野山中、小田原、沼津、小島、田中、掛川、**相良**、横須賀、浜松、富山、加賀、大聖寺、郡上、高富、苗木、岩村、加納、大垣、高須、今尾、犬山、挙母、岡崎、西大平、西尾、吉田、田原、大垣新田、尾張、**刈谷**、西端、長島、**桑名**、神戸、菰野、亀山、津、久居、鳥羽、宮川、彦根、大溝、山上、西大路、三上、膳所、水口、丸岡、勝山、大野、**福井**、鯖江、敦賀、小浜、淀、新宮、田辺、紀州、峯山、宮津、田辺、綾部、山家、園部、亀山、福知山、柳生、柳本、芝村、郡山、小泉、櫛羅、高取、高槻、麻田、丹南、狭山、岸和田、伯太、豊岡、出石、柏原、篠山、尼崎、三田、三草、明石、小野、姫路、林田、安志、龍野、山崎、三日月、赤穂、鳥取、若桜、鹿野、津山、勝山、新見、岡山、庭瀬、足守、岡田、岡山新田、浅尾、松山、鴨方、福山、広島、広島新田、高松、丸亀、多度津、西条、小松、今治、松山、**大洲・新谷**、**伊予吉田**、**宇和島**、徳島、**土佐**、土佐新田、**松江**、広瀬、母里、浜田、津和野、岩国、徳山、長州、長府、清末、小倉、小倉新田、**福岡**、秋月、**久留米**、柳河、三池、蓮池、唐津、**佐賀**、小城、鹿島、大村、島原、平戸、平戸新田、**中津**、杵築、日出、**府内**、臼杵、**佐伯**、森、**岡**、熊本、熊本新田、宇土、人吉、延岡、高鍋、佐土原、飫肥、薩摩、対馬、五島（各藩名は版籍奉還時を基準とし、藩主家名ではなく、地名で統一した）

★太字は既刊

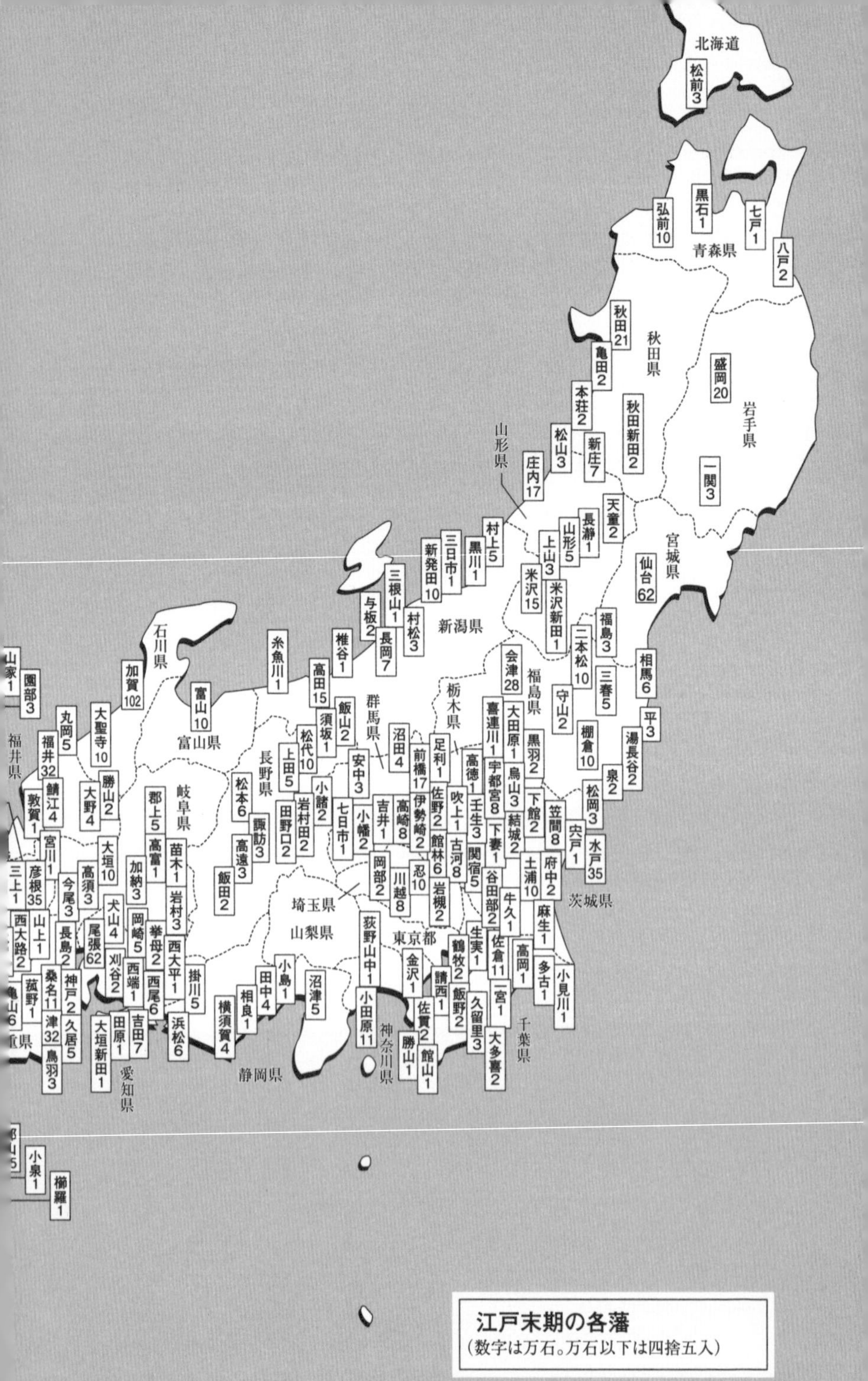


**江戸末期の各藩**
（数字は万石。万石以下は四捨五入）